THÉATRES FRANÇAIS.

OEUVRES DE MOLIÈRE.

TOME 5.

PARIS,
CHEZ MARTIAL ARDANT FRERES, EDITEURS,
rue Hautefeuille, 14.

LIMOGES,
A LA MEME LIBRAIRIE.

1840.

THÉATRES FRANÇAIS.

OEUVRES

DE

MOLIÈRE.

TOME 5.

THÉATRES FRANCAIS.

OEUVRES
DE
MOLIÈRE.

TOME 5.

PARIS,

CHEZ MARTIAL ARDANT FRÈRES, ÉDITEURS,
Rue Hautefeuille, 14.

LIMOGES,
A LA MEME LIBRAIRIE.

1840.

MONSIEUR DE POURCEAUGNAC,

COMÉDIE-BALLET EN TROIS ACTES,

Représentée à Chambord le 6 octobre; et à Paris, sur le théâtre du Palais-Royal, le 15 novembre 1669.

PERSONNAGES DE LA COMÉDIE.

MONSIEUR DE POURCEAUGNAC.
ORONTE, père de Julie.
JULIE, fille d'Oronte.
ERASTE, amant de Julie.
NÉRINE, femme d'intrigue, feinte Picarde.
LUCETTE, feinte Languedocienne.
SBRIGANI, Napolitain, homme d'intrigue.
PREMIER MÉDECIN.
SECOND MÉDECIN.
UN APOTHICAIRE.
UN PAYSAN.
UNE PAYSANNE.
PREMIER SUISSE.
SECOND SUISSE.
UN EXEMPT.
DEUX ARCHERS.

PERSONNAGES DU BALLET.

UNE MUSICIENNE.
DEUX MUSICIENS.
TROUPE DE DANSEURS.
   DEUX MAITRES A DANSER.
   DEUX PAGES dansants.

PERSONNAGES

QUATRE CURIEUX DE SPECTACLES, dansants.
DEUX SUISSES dansants.
DEUX MÉDECINS GROTESQUES.
MATASSINS dansants.
DEUX AVOCATS chantants.
DEUX PROCUREURS dansants.
DEUX SERGENTS dansants.
TROUPE DE MASQUES.
UNE ÉGYPTIENNE chantante.
UN ÉGYPTIEN chantant.
UN PANTALON chantant.
CHOEUR DE MASQUES chantants.
SAUVAGES dansants.
BISCAYENS dansants.

La scène est à Paris.

MONSIEUR DE POURCEAUGNAC.

ACTE PREMIER.

SCÈNE I.

ÉRASTE; UNE MUSICIENNE, DEUX MUSICIENS, CHANTANTS; PLUSIEURS AUTRES, JOUANT DES INSTRUMENTS; TROUPE DE DANSEURS.

ÉRASTE, *aux musiciens et aux danseurs.*

Suivez les ordres que je vous ai donnés pour la sérénade. Pour moi, je me retire, et ne veux point paroître ici.

SCÈNE II.

UNE MUSICIENNE; DEUX MUSICIENS, CHANTANTS; PLUSIEURS AUTRES, JOUANT DES INSTRUMENTS; TROUPE DE DANSEURS.

(Cette sérénade est composée de chants, d'instruments, et de danses. Les paroles qui s'y chantent ont rapport à la situation où Éraste se trouve avec Julie, et expriment les sentiments de deux amants qui sont traversés dans leur amour par le caprice de leurs parents.)

UNE MUSICIENNE.

RÉPANDS, charmante nuit, répands sur tous les yeux
  De tes pavots la douce violence,

Et ne laisse veiller en ces aimables lieux
Que les cœurs que l'amour soumet à sa puissance.
  Tes ombres et ton silence,
  Plus beaux que le plus beau jour,
Offrent de doux moments à soupirer d'amour.

PREMIER MUSICIEN.

  Que soupirer d'amour
  Est une douce chose,
 Quand rien à nos vœux ne s'oppose !
A d'aimables penchants notre cœur nous dispose ;
Mais on a des tyrans à qui l'on doit le jour.
  Que soupirer d'amour
  Est une douce chose,
 Quand rien à nos vœux ne s'oppose !

SECOND MUSICIEN.

 Tout ce qu'à nos vœux on oppose
Contre un parfait amour ne gagne jamais rien ;
  Et pour vaincre toute chose
  Il ne faut que s'aimer bien.

TOUS TROIS ENSEMBLE.

 Aimons-nous donc d'une ardeur éternelle ;
Les rigueurs des parents, la contrainte cruelle,
L'absence, les travaux, la fortune rebelle,
Ne font que redoubler une amitié fidèle.
 Aimons-nous donc d'une ardeur éternelle ;
  Quand deux cœurs s'aiment bien,
  Tout le reste n'est rien.

PREMIÈRE ENTRÉE DE BALLET.

(Danse de deux maîtres à danser.)

DEUXIÈME ENTRÉE DE BALLET.

(Danse de deux pages.)

TROISIÈME ENTRÉE DE BALLET.

(Quatre curieux de spectacles, qui ont pris querelle pendant la danse des deux pages, dansent en se battant l'épée à la main.)

QUATRIÈME ENTRÉE DE BALLET.

(Deux Suisses séparent les quatre combattants, et, après les avoir mis d'accord, dansent avec eux.)

SCÈNE III.

JULIE, ÉRASTE, NÉRINE.

JULIE.

Mon dieu! Éraste, gardons d'être surpris. Je tremble qu'on ne nous voie ensemble; et tout seroit perdu, après la défense que l'on m'a faite.

ÉRASTE.

Je regarde de tous côtés, et je n'aperçois rien.

JULIE, à *Nérine.*

Aie aussi l'œil au guet, Nérine; et prends bien garde qu'il ne vienne personne.

NÉRINE, *se retirant dans le fond du théâtre.*

Reposez-vous sur moi, et dites hardiment ce que vous avez à vous dire.

JULIE.

Avez-vous imaginé pour notre affaire quelque chose de favorable? et croyez-vous, Éraste, pouvoir venir à bout de détourner ce fâcheux mariage que mon père s'est mis en tête?

ÉRASTE.

Au moins y travaillons-nous fortement; et déjà nous avons préparé un bon nombre de batteries pour renverser ce dessein ridicule.

NÉRINE, *accourant à Julie.*

Par ma foi, voilà votre père.

JULIE.

Ah! separons-nous vite.

NÉRINE.

Non, non, non, ne bougez; je m'étois trompée.

JULIE.

Mon dieu! Nérine, que tu es sotte de nous donner de ces frayeurs!

ÉRASTE.

Oui, belle Julie, nous avons dressé pour cela quantité de machines; et nous ne feignons point de mettre tout en usage, sur la permission que vous m'avez donnée. Ne nous demandez point tous les ressorts que nous ferons jouer, vous en aurez le divertissement; et, comme aux comédies, il est bon de vous laisser le plaisir de la surprise, et de ne vous avertir point de tout ce qu'on vous fera voir: c'est assez de vous dire que nous avons en main divers stratagèmes tout prêts à produire dans l'occasion; et que l'ingénieuse Nérine et l'adroit Sbrigani entreprennent l'affaire.

NÉRINE.

Assurément. Votre père se moque-t-il, de vouloir vous anger de son avocat de Limoges, monsieur de Pourceaugnac, qu'il n'a vu de sa vie, et qui vient par le coche vous enlever, à notre barbe? Faut-il que trois ou quatre mille écus de plus, sur la parole de votre oncle, lui fassent rejeter un amant qui vous agrée? et une personne comme vous est-elle faite pour un Limosin? S'il a envie de se marier, que ne prend-il une Limosine, et ne laisse-t-il en repos les chrétiens? Le seul nom de monsieur de Pourceaugnac m'a mise dans une colère effroyable. J'enrage de monsieur de Pourceaugnac. Quand il n'y auroit que ce nom-là, monsieur de Pourceaugnac, j'y brûlerai mes livres, ou je romprai ce mariage, et vous ne serez point madame de Pourceaugnac. Pourceaugnac! cela se peut-il souffrir? Non, Pourceaugnac est une chose que je ne saurois supporter; et nous lui jouerons tant de pièces, nous lui ferons tant de niches sur niches, que nous renvoierons à Limoges monsieur de Pourceaugnac.

ÉRASTE.

Voici notre subtil Napolitain, qui nous dira des nouvelles.

SCÈNE IV.

JULIE, ÉRASTE, SBRIGANI, NÉRINE.

SBRIGANI.

Monsieur, votre homme arrive. Je l'ai vu à trois lieues d'ici, où a couché le coche; et, dans la cuisine, où il est descendu pour déjeuner, je l'ai étudié une bonne grosse demi-heure, et je le sais déjà par cœur. Pour sa figure, je ne veux point vous en parler; vous verrez de quel air la nature l'a dessiné, et si l'ajustement qui l'accompagne y répond comme il faut : mais pour son esprit, je vous avertis par avance qu'il est des plus épais qui se fassent; que nous trouvons en lui une matière tout-à-fait disposée pour ce que nous voulons, et qu'il est homme enfin à donner dans tous les panneaux qu'on lui présentera.

ÉRASTE.

Nous dis-tu vrai ?

SBRIGANI.

Oui, si je me connois en gens.

NÉRINE.

Madame, voilà un illustre. Votre affaire ne pouvoit être mise en de meilleures mains, et c'est le héros de notre siècle pour les exploits dont il s'agit; un homme qui vingt fois en sa vie, pour servir ses amis, a généreusement affronté les galères; qui, au péril de ses bras et de ses épaules, sait mettre noblement à fin les aventures les plus difficiles, et qui, tel que vous le voyez, est exilé de son pays pour je ne sais combien d'actions honorables qu'il a généreusement entreprises.

SBRIGANI.

Je suis confus des louanges dont vous m'honorez : et je pourrois vous en donner avec plus de justice sur les merveilles de votre vie, et principalement sur la gloire que vous acquîtes, lorsqu'avec tant d'honnêteté vous pipâtes au jeu, pour douze mille écus, ce jeune seigneur étranger que l'on mena chez vous; lorsque vous fîtes galamment ce faux contrat qui ruina toute une famille; lorsqu'avec tant de grandeur d'ame vous sûtes nier le dépôt qu'on vous avoit confié, et que si généreusement on vous vit prêter votre témoignage à faire pendre ces deux personnes qui ne l'avoient pas mérité.

NÉRINE.

Ce sont petites bagatelles qui ne valent pas qu'on en parle; et vos éloges me font rougir.

SBRIGANI.

Je veux bien épargner votre modestie; laissons cela; et, pour commencer notre affaire, allons vite joindre notre provincial, tandis que de votre côté vous nous tiendrez prêts au besoin les autres acteurs de la comédie.

ÉRASTE.

Au moins, madame, souvenez-vous de votre rôle; et, pour mieux couvrir notre jeu, feignez, comme on vous a dit, d'être la plus contente du monde des résolutions de votre père.

JULIE.

S'il ne tient qu'à cela, les choses iront à merveille.

ÉRASTE.

Mais, belle Julie, si toutes nos machines venoient à ne pas réussir ?

JULIE.

Je déclarerai à mon père mes véritables sentimens.

ÉRASTE.

Et si contre vos sentimens il s'obstinoit à son dessein?

JULIE.

Je le menacerois de me jeter dans un couvent.

ÉRASTE.

Mais si malgré tout cela il vouloit vous forcer à ce mariage?

JULIE.

Que voulez-vous que je vous dise?

ÉRASTE.

Ce que je veux que vous me disiez!

JULIE.

Oui.

ÉRASTE.

Ce qu'on dit quand on aime bien.

JULIE.

Mais quoi?

ÉRASTE.

Que rien ne pourra vous contraindre, et que, malgré tous les efforts d'un père, vous me promettez d'être à moi.

JULIE.

Mon dieu! Éraste, contentez-vous de ce que je fais maintenant, et n'allez point tenter sur l'avenir les résolutions de mon cœur; ne fatiguez point mon devoir par les propositions d'une fâcheuse extrémité dont peut-être n aurons-nous pas besoin; et, s'il y faut venir, souffrez au moins que j'y sois entraînée par la suite des choses.

ÉRASTE.

Hé bien!...

SBRIGANI.

Ma foi, voici notre homme; songeons à nous.

NÉRINE.

Ah! comme il est bâti!

SCÈNE V.

M. DE POURCEAUGNAC, SBRIGANI.

M DE POURCEAUGNAC, *se retournant du côté d'où il est venu, et parlant à des gens qui le suivent.*

HÉ BIEN? quoi? qu'est-ce? qu'y a-t-il? Au diantre soient la sotte ville et les sottes gens qui y sont! Ne pouvoir faire un pas sans trouver des nigauds qui vous regardent et se mettent à rire! Hé! messieurs les badauds, faites vos affaires, et laissez passer les personnes sans leur rire au nez. Je me donne au diable, si je ne baille un coup de poing au premier que je verrai rire.

SBRIGANI, *parlant aux mêmes personnes.*

Qu'est-ce que c'est, messieurs? que veut dire cela? A qui en avez-vous? Faut-il se moquer ainsi des honnêtes étrangers qui arrivent ici?

M. DE POURCEAUGNAC

Voilà un homme raisonnable, celui-là.

SBRIGANI.

Quel procédé est le vôtre! Et qu'avez-vous à rire?

M. DE POURCEAUGNAC.

Fort bien.

SBRIGANI.

Monsieur a-t-il quelque chose de ridicule en soi?

M. DE POURCEAUGNAC.

Oui?...

SBRIGANI.

Est-il autrement que les autres?

M. DE POURCEAUGNAC.

Suis-je tortu ou bossu?

SBRIGANI.

Apprenez à connoître les gens.

M. DE POURCEAUGNAC.

C'est bien dit.

SBRIGANI.

Monsieur est d'une mine à respecter.

M. DE POURCEAUGNAC.

Cela est vrai.

SBRIGANI.

Personne de condition.

M. DE POURCEAUGNAC.

Oui, gentilhomme limosin.

SBRIGANI.

Homme d'esprit.

M. DE POURCEAUGNAC.

Qui a étudié en droit.

SBRIGANI.

Il vous fait trop d'honneur de venir dans votre ville.

M. DE POURCEAUGNAC.

Sans doute.

SBRIGANI.

Monsieur n'est point une personne à faire rire.

M. DE POURCEAUGNAC.

Assurément.

SBRIGANI.

Et quiconque rira de lui aura affaire à moi.

M. DE POURCEAUGNAC, *à Sbrigani*.

Monsieur, je vous suis infiniment obligé.

SBRIGANI.

Je suis fâché, monsieur, de voir recevoir de la sorte une personne comme vous, et je vous demande pardon pour la ville.

M. DE POURCEAUGNAC.

Je suis votre serviteur.

SBRIGANI.

Je vous ai vu ce matin, monsieur, avec le coche, lorsque vous avez déjeuné; et la grace avec laquelle vous mangiez votre pain m'a fait naître d'abord de l'amitié pour vous : et comme je sais que vous n'êtes jamais venu en ce pays, et que vous y êtes tout neuf, je suis bien aise de vous avoir trouvé pour vous offrir mon service à cette arrivée, et vous aider à vous conduire parmi ce peuple, qui n'a pas parfois pour les honnêtes gens toute la considération qu'il faudroit.

M. DE POURCEAUGNAC.
C'est trop de grace que vous me faites.

SBRIGANI.
Je vous l'ai déjà dit; du moment que je vous ai vu, je me suis senti pour vous de l'inclination.

M. DE POURCEAUGNAC.
Je vous suis obligé.

SBRIGANI.
Votre physionomie m'a plu.

M. DE POURCEAUGNAC.
Ce m'est beaucoup d'honneur.

SBRIGANI.
J'y ai vu quelque chose d'honnête...

M. DE POURCEAUGNAC.
Je suis votre serviteur.

SBRIGANI.
Quelque chose d'aimable...

M. DE POURCEAUGNAC.
Ah! ah!

SBRIGANI.
De gracieux...

M. DE POURCEAUGNAC.
Ah! ah!

SBRIGANI.
De doux...

M. DE POURCEAUGNAC.
Ah! ah!

SBRIGANI.
De majestueux...

ACTE I, SCÈNE V.

M. DE POURCEAUGNAC.

Ah! ah!

SBRIGANI.

De franc...

M. DE POURCEAUGNAC.

Ah! ah!

SBRIGANI.

Et de cordial.

M. DE POURCEAUGNAC.

Ah! ah!

SBRIGANI.

Je vous assure que je suis tout à vous

M. DE POURCEAUGNAC.

Je vous ai beaucoup d'obligation.

SBRIGANI.

C'est du fond du cœur que je parle.

M. DE POURCEAUGNAC.

Je le crois.

SBRIGANI.

Si j'avois l'honneur d'être connu de vous, vous sauriez que je suis un homme tout-à-fait sincère...

M. DE POURCEAUGNAC.

Je n'en doute point.

SBRIGANI.

Ennemi de la fourberie...

M. DE POURCEAUGNAC.

J'en suis persuadé.

SBRIGANI.

Et qui n'est pas capable de déguiser ses sentiments. Vous regardez mon habit, qui n'est pas fait comme les autres : mais je suis originaire de Naples, à votre service, et j'ai voulu conserver un peu la manière de s'habiller et la sincérité de mon pays.

M. DE POURCEAUGNAC.

C'est fort bien fait. Pour moi, j'ai voulu me mettre à la mode de la cour pour la campagne.

SBRIGANI.

Ma foi, cela vous va mieux qu'à tous nos courtisans

M. DE POURCEAUGNAC.

C'est ce que m'a dit mon tailleur. L'habit est propre et riche, et il fera du bruit ici.

SBRIGANI.

Sans doute. N'irez-vous pas au Louvre ?

M. DE POURCEAUGNAC.

Il faudra bien aller faire ma cour.

SBRIGANI.

Le roi sera ravi de vous voir.

M. DE POURCEAUGNAC.

Je le crois.

SBRIGANI.

Avez-vous arrêté un logis ?

M. DE POURCEAUGNAC.

Non, j'allois en chercher un.

SBRIGANI.

Je serai bien aise d'être avec vous pour cela, et je connois tout ce pays-ci.

SCÈNE VI.

ÉRASTE, M. DE POURCEAUGNAC, SBRIGANI.

ÉRASTE.

AH! qu'est-ce ci? que vois-je? Quelle heureuse rencontre! Monsieur de Pourceaugnac! Que je suis ravi de vous voir! Comment! il semble que vous ayez peine à me reconnoître!

M. DE POURCEAUGNAC.

Monsieur, je suis votre serviteur.

ÉRASTE.

Est-il possible que cinq ou six années m'aient ôté de votre mémoire, et que vous ne reconnoissiez pas le meilleur ami de toute la famille des Pourceaugnacs!

M. DE POURCEAUGNAC.

Pardonnez-moi. *(bas, à Sbrigani.)* Ma foi, je ne sais qui il est.

ÉRASTE.

Il n'y a pas un Pourceaugnac à Limoges que je ne connoisse, depuis le plus grand jusqu'au plus petit; je ne fréquentois qu'eux dans le temps que j'y étois, et j'avois l'honneur de vous voir presque tous les jours.

M. DE POURCEAUGNAC.

C'est moi qui l'ai reçu, monsieur.

ÉRASTE.

Vous ne vous remettez point mon visage?

M. DE POURCEAUGNAC.
Si fait. *(à Sbrigani.)* Je ne le connois point.
ÉRASTE.
Vous ne vous ressouvenez pas que j'ai eu le bonheur de boire avec vous je ne sais combien de fois ?
M. DE POURCEAUGNAC.
Excusez-moi. *(à Sbrigani.)* Je ne sais ce que c'est.
ÉRASTE.
Comment appelez-vous ce traiteur de Limoges qui fait si bonne chère ?
M. DE POURCEAUGNAC.
Petit-Jean ?
ÉRASTE.
Le voilà. Nous allions le plus souvent ensemble chez lui nous réjouir. Comment est-ce que vous nommez à Limoges ce lieu où l'on se promène ?
M. DE POURCEAUGNAC.
Le cimetière des arènes ?
ÉRASTE.
Justement. C'est où je passois de si douces heures à jouir de votre agréable conversation. Vous ne vous remettez pas tout cela ?
M. DE POURCEAUGNAC.
Excusez-moi, je me le remets. *(à Sbrigani.)* Diable emporte si je m'en souviens !
SBRIGANI, *bas, à M. de Pourceaugnac.*
Il y a cent choses comme cela qui passent de la tête.

ACTE I, SCÈNE VI.

ÉRASTE.

Embrassez-moi donc, je vous prie, et resserrons les nœuds de notre ancienne amitié.

SBRIGANI, *à M. de Pourceaugnac.*

Voilà un homme qui vous aime fort.

ÉRASTE.

Dites-moi un peu des nouvelles de toute la parenté. Comment se porte monsieur votre... là... qui est si honnête homme ?

M. DE POURCEAUGNAC.

Mon frère le consul ?

ÉRASTE.

Oui.

M. DE POURCEAUGNAC.

Il se porte le mieux du monde.

ÉRASTE.

Certes j'en suis ravi. Et celui qui est de si bonne humeur ? là... monsieur votre...

M. DE POURCEAUGNAC.

Mon cousin l'assesseur ?

ÉRASTE.

Justement.

M. DE POURCEAUGNAC.

Toujours gai et gaillard.

ÉRASTE.

Ma foi, j'en ai beaucoup de joie. Et monsieur votre oncle, le...?

M. DE POURCEAUGNAC.

Je n'ai point d'oncle.

ÉRASTE.

Vous aviez pourtant en ce temps-là...

M. DE POURCEAUGNAC.

Non, rien qu'une tante.

ÉRASTE.

C'est ce que je voulois dire; madame votre tante, comment se porte-t-elle?

M. DE POURCEAUGNAC.

Elle est morte depuis six mois.

ÉRASTE.

Hélas! la pauvre femme! Elle étoit si bonne personne!

M. DE POURCEAUGNAC.

Nous avons aussi mon neveu le chanoine, qui a pensé mourir de la petite vérole.

ÉRASTE.

Quel dommage c'auroit été!

M. DE POURCEAUGNAC.

Le connoissez-vous aussi?

ÉRASTE.

Vraiment si je le connois! Un grand garçon bien fait.

M. DE POURCEAUGNAC.

Pas des plus grands.

ÉRASTE.

Non, mais de taille bien prise.

M. DE POURCEAUGNAC.

Hé! oui.

ÉRASTE.

Qui est votre neveu...

M. DE POURCEAUGNAC.

Oui.

ÉRASTE.

Fils de votre frère ou de votre sœur...

M. DE POURCEAUGNAC.

Justement.

ÉRASTE.

Chanoine de l'église de.... Comment l'appelez-vous?

M. DE POURCEAUGNAC.

De Saint-Étienne.

ÉRASTE.

Le voilà; je ne connois autre.

M. DE POURCEAUGNAC, *à Sbrigani.*

Il dit toute la parenté.

SBRIGANI.

Il vous connoît plus que vous ne croyez.

M. DE POURCEAUGNAC.

A ce que je vois, vous avez demeuré long-temps dans notre ville?

ÉRASTE.

Deux ans entiers.

M. DE POURCEAUGNAC.

Vous étiez donc là quand mon cousin l'élu fit tenir son enfant à monsieur notre gouverneur?

ÉRASTE.

Vraiment oui, j'y fus convié des premiers.

M. DE POURCEAUGNAC.

Cela fut galant.

ÉRASTE.

Très galant.

M. DE POURCEAUGNAC.

C'étoit un repas bien troussé.

ÉRASTE.

Sans doute.

M. DE POURCEAUGNAC.

Vous vîtes donc aussi la querelle que j'eus avec ce gentilhomme périgordin ?

ÉRASTE.

Oui.

M. DE POURCEAUGNAC.

Parbleu ! il trouva à qui parler.

ÉRASTE.

Ah ! ah !

M. DE POURCEAUGNAC.

Il me donna un soufflet; mais je lui dis bien son fait.

ÉRASTE.

Assurément. Au reste, je ne prétends pas que vous preniez d'autre logis que le mien.

M. DE POURCEAUGNAC.

Je n'ai garde de...

ÉRASTE.

Vous moquez-vous ? Je ne souffrirai point du tout que mon meilleur ami soit autre part que dans ma maison.

M. DE POURCEAUGNAC.

Ce seroit vous...

ACTE I, SCÈNE VI

ÉRASTE.

Non; le diable m'emporte! vous logerez chez moi.

SBRIGANI, *à M. de Pourceaugnac.*

Puisqu'il le veut obstinément, je vous conseille d'accepter l'offre.

ÉRASTE.

Où sont vos hardes?

M. DE POURCEAUGNAC.

Je les ai laissées avec mon valet où je suis descendu.

ÉRASTE.

Envoyons-les querir par quelqu'un.

M. DE POURCEAUGNAC.

Non, je lui ai défendu de bouger, à moins que j'y fusse moi même, de peur de quelque fourberie.

SBRIGANI.

C'est prudemment avisé.

M. DE POURCEAUGNAC.

Ce pays-ci est un peu sujet à caution.

ÉRASTE.

On voit les gens d'esprit en tout.

SBRIGANI.

Je vais accompagner monsieur, et le ramènerai où vous voudrez.

ÉRASTE.

Oui. Je serai bien aise de donner quelques ordres, et vous n'avez qu'à revenir à cette maison-là.

SBRIGANI.

Nous sommes à vous tout à l'heure.

ÉRASTE, *à M. de Pourceaugnac.*

Je vous attends avec impatience.

M. DE POURCEAUGNAC, *à Sbrigani.*

Voilà une connoissance où je ne m'attendois point.

SBRIGANI.

Il a la mine d'être honnête homme.

ÉRASTE, *seul.*

Ma foi, monsieur de Pourceaugnac, nous vous en donnerons de toutes les façons : les choses sont préparées, et je n'ai qu'à frapper. Holà!

SCÈNE VII.

UN APOTHICAIRE, ÉRASTE.

ÉRASTE.

Je crois, monsieur, que vous êtes le médecin à qui l'on est venu parler de ma part?

L'APOTHICAIRE.

Non, monsieur, ce n'est pas moi qui suis le médecin; à moi n'appartient pas cet honneur; et je ne suis qu'apothicaire, apothicaire indigne, pour vous servir.

ÉRASTE.

Et monsieur le médecin est-il à la maison?

L'APOTHICAIRE.

Oui. Il est là embarrassé à expédier quelques malades, et je vais lui dire que vous êtes ici.

ÉRASTE.

Non, ne bougez; j'attendrai qu'il ait fait. C'est pour lui mettre entre les mains certain parent que nous avons, dont on lui a parlé, et qui se trouve attaqué de quelque folie que nous serions bien aises qu'il pût guérir avant que de le marier.

L'APOTHICAIRE.

Je sais ce que c'est, je sais ce que c'est, et j'étois avec lui quand on lui a parlé de cette affaire. Ma foi, ma foi, vous ne pouviez pas vous adresser à un médecin plus habile; c'est un homme qui sait la médecine à fond, comme je sais ma croix de par dieu, et qui, quand on devroit crever, ne démordroit pas d'un *iota* des règles des anciens. Oui, il suit toujours le grand chemin, le grand chemin, et ne va pas chercher midi à quatorze heures; et, pour tout l'or du monde, il ne voudroit pas avoir guéri une personne avec d'autres remèdes que ceux que la faculté permet.

ÉRASTE.

Il fait fort bien. Un malade ne doit point vouloir guérir, que la faculté n'y consente.

L'APOTHICAIRE.

Ce n'est pas parceque nous sommes grands amis que j'en parle; mais il y a plaisir d'être son malade : et j'aimerois mieux mourir de ses remèdes, que de guérir de ceux d'un autre; car, quoi qu'il puisse arriver, on est assuré que les choses sont toujours dans l'ordre; et quand on meurt sous sa conduite, vos héritiers n'ont rien à vous reprocher.

ÉRASTE.

C'est une grande consolation pour un défunt.

L'APOTHICAIRE.

Assurément. On est bien aise au moins d'être mort méthodiquement. Au reste, il n'est pas de ces médecins qui marchandent les maladies : c'est un homme expéditif, expéditif, qui aime à dépêcher ses malades; et quand on a à mourir, cela se fait avec lui le plus vite du monde.

ÉRASTE.

En effet, il n'est rien tel que de sortir promptement d'affaire.

L'APOTHICAIRE.

Cela est vrai. A quoi bon tant barguigner, et tant tourner autour du pot? Il faut savoir vitement le court ou le long d'une maladie.

ÉRASTE.

Vous avez raison.

L'APOTHICAIRE.

Voilà déjà trois de mes enfants dont il m'a fait l'honneur de conduire la maladie, qui sont morts en moins de quatre jours, et qui, entre les mains d'un autre, auroient langui plus de trois mois.

ÉRASTE.

Il est bon d'avoir des amis comme cela.

L'APOTHICAIRE.

Sans doute. Il ne me reste plus que deux enfants dont il prend soin comme des siens; il les traite et gouverne à sa fantaisie, sans que je me mêle de rien; et le plus souvent, quand je reviens

de la ville, je suis tout étonné que je les trouve
saignés ou purgés par son ordre.

ÉRASTE.

Voilà des soins fort obligeants.

L'APOTHICAIRE.

Le voici, le voici, le voici qui vient.

SCÈNE VIII.

ÉRASTE, PREMIER MÉDECIN, L'APOTHI-
CAIRE, UN PAYSAN, UNE PAYSANNE.

LE PAYSAN, *au médecin.*

Monsieur, il n'en peut plus; et il dit qu'il sent
dans la tête les plus grandes douleurs du monde.

PREMIER MÉDECIN.

Le malade est un sot; d'autant plus que, dans
la maladie dont il est attaqué, ce n'est pas la tête,
selon Galien, mais la rate, qui lui doit faire mal.

LE PAYSAN.

Quoi que c'en soit, monsieur, il a toujours avec
cela son cours de ventre depuis six mois.

PREMIER MÉDECIN.

Bon, c'est signe que le dedans se dégage. Je
l'irai visiter dans deux ou trois jours : mais s'il
mouroit avant ce temps-là, ne manquez pas de
m'en donner avis, car il n'est pas de la civilité
qu'un médecin visite un mort.

LA PAYSANNE, *au médecin.*

Mon père, monsieur, est toujours **malade de
plus en plus.**

PREMIER MÉDECIN.

Ce n'est pas ma faute. Je lui donne des remèdes; que ne guérit-il? Combien a-t-il été saigné de fois?

LA PAYSANNE.

Quinze, monsieur, depuis vingt jours.

PREMIER MÉDECIN.

Quinze fois saigné?

LA PAYSANNE.

Oui.

PREMIER MEDECIN.

Et il ne guérit point?

LA PAYSANNE.

Non, monsieur.

PREMIER MÉDECIN.

C'est signe que la maladie n'est pas dans le sang. Nous le ferons purger autant de fois, pour voir si elle n'est pas dans les humeurs; et, si rien ne nous réussit, nous l'enverrons aux bains.

L'APOTHICAIRE

Voilà le fin cela, voilà le fin de la médecine.

SCÈNE IX.

ÉRASTE, PREMIER MÉDECIN, L'APOTHICAIRE.

ÉRASTE, *au médecin.*

C'EST moi, monsieur, qui vous ai envoyé parler ces jours passés pour un parent un peu troublé d'esprit que je veux vous donner chez vous, afin de le guérir avec plus de commodité, et qu'il soit vu de moins de monde.

PREMIER MÉDECIN.

Oui, monsieur; j'ai déjà disposé tout, et promets d'en avoir tous les soins imaginables.

ÉRASTE.

Le voici.

PREMIER MÉDECIN.

La conjoncture est tout-à-fait heureuse, et j'ai ici un ancien de mes amis avec lequel je serai bien aise de consulter sa maladie.

SCÈNE X.

M. DE POURCEAUGNAC, ÉRASTE, PREMIER MÉDECIN, L'APOTHICAIRE.

ÉRASTE, à M. de Pourceaugnac.

Une petite affaire m'est survenue, qui m'oblige à vous quitter; (*montrant le médecin.*) mais voilà une personne entre les mains de qui je vous laisse, qui aura soin pour moi de vous traiter du mieux qu'il lui sera possible.

PREMIER MÉDECIN.

Le devoir de ma profession m'y oblige; et c'est assez que vous me chargiez de ce soin.

M. DE POURCEAUGNAC, à part.

C'est son maître-d'hôtel, sans doute; et il faut que ce soit un homme de qualité.

PREMIER MÉDECIN, *à Éraste.*

Oui, je vous assure que je traiterai monsieur méthodiquement, et dans toutes les régularités de notre art.

M. DE POURCEAUGNAC.

Mon dieu! il ne faut point tant de cérémonies, et je ne viens pas ici pour incommoder.

PREMIER MÉDECIN.

Un tel emploi ne me donne que de la joie.

ÉRASTE, *au médecin.*

Voilà toujours dix pistoles d'avance, en attendant ce que j'ai promis.

M. DE POURCEAUGNAC.

Non, s'il vous plaît, je n'entends pas que vous fassiez de dépense, et que vous envoyiez rien acheter pour moi.

ÉRASTE.

Mon dieu! laissez faire; ce n'est pas pour ce que vous pensez.

M. DE POURCEAUGNAC.

Je vous demande de ne me traiter qu'en ami.

ÉRASTE.

C'est ce que je veux faire. (*bas, au médecin.*) Je vous recommande sur-tout de ne le point laisser sortir de vos mains; car parfois il veut s'échapper.

PREMIER MÉDECIN.

Ne vous mettez pas en peine.

ÉRASTE, *à M. de Pourceaugnac.*

Je vous prie de m'excuser de l'incivilité que je commets.

M. DE POURCEAUGNAC.

Vous vous moquez, et c'est trop de grace que vous me faites.

SCÈNE XI.

M. DE POURCEAUGNAC, PREMIER MÉDECIN, SECOND MÉDECIN, L'APOTHICAIRE.

PREMIER MÉDECIN.

Ce m'est beaucoup d'honneur, monsieur, d'être choisi pour vous rendre service.

M. DE POURCEAUGNAC.

Je suis votre serviteur.

PREMIER MÉDECIN.

Voici un habile homme, mon confrère, avec lequel je vais consulter la manière dont nous vous traiterons.

M. DE POURCEAUGNAC.

Il ne faut point tant de façons, vous dis-je; je suis homme à me contenter de l'ordinaire.

PREMIER MÉDECIN.

Allons, des sièges.

(Des laquais entrent et donnent des sièges.)

M. DE POURCEAUGNAC, à part.

Voilà, pour un jeune homme, des domestiques bien lugubres.

PREMIER MÉDECIN.

Allons, monsieur; prenez votre place, monsieur,

(*Les deux médecins font asseoir M. de Pourceaugnac entre eux deux.*)

M. DE POURCEAUGNAC, *s'asseyant.*

Votre très humble valet.

(*Les deux médecins lui prenant chacun une main pour lui tâter le pouls.*)

Que veut dire cela ?

PREMIER MÉDECIN.

Mangez-vous bien, monsieur ?

M. DE POURCEAUGNAC.

Oui, et bois encore mieux.

PREMIER MÉDECIN.

Tant pis. Cette grande appétition du froid et de l'humide est une indication de la chaleur et sécheresse qui est au-dedans. Dormez-vous fort ?

M. DE POURCEAUGNAC.

Oui, quand j'ai bien soupé.

PREMIER MÉDECIN.

Faites-vous des songes ?

M. DE POURCEAUGNAC.

Quelquefois.

PREMIER MÉDECIN.

De quelle nature sont-ils ?

M. DE POURCEAUGNAC.

De la nature des songes. Quelle diable de conversation est-ce là ?

PREMIER MÉDECIN.

Vos déjections, comment sont-elles ?

M. DE POURCEAUGNAC.

Ma foi, je ne comprends rien à toutes ces questions : et je veux plutôt boire un coup.

PREMIER MÉDECIN.

Un peu de patience : nous allons raisonner sur votre affaire devant vous; et nous le ferons en françois pour être plus intelligibles.

M. DE POURCEAUGNAC.

Quel grand raisonnement faut-il pour manger un morceau?

PREMIER MÉDECIN.

Comme ainsi soit qu'on ne puisse guérir une maladie qu'on ne la connoisse parfaitement, et qu'on ne la puisse parfaitement connoître sans en bien établir l'idée particulière et la véritable espèce par ses signes diagnostiques et prognostiques, vous me permettrez, monsieur notre ancien, d'entrer en considération de la maladie dont il s'agit, avant que de toucher à la thérapeutique, et aux remèdes qu'il nous conviendra faire pour la parfaite curation d'icelle. Je dis donc, monsieur, avec votre permission, que notre malade ici présent est malheureusement attaqué, affecté, possédé, travaillé de cette sorte de folie que nous nommons fort bien mélancolie hypocondriaque; espèce de folie très fâcheuse, et qui ne demande pas moins qu'un Esculape comme vous, consommé dans notre art; vous, dis-je, qui avez blanchi, comme on dit, sous le harnois, et auquel il en a tant passé par les mains de toutes les façons. Je l'appelle mélancolie hypocondriaque, pour la distinguer des deux autres ; car le célèbre Galien établit doctement, à son ordinaire, trois espèces de cette maladie que nous nommons mélancolie, ainsi appelée non seulement par les Latins, mais encore par les Grecs ; ce qui est bien à remarquer pour notre affaire : la première, qui vient du propre vice du cerveau ; la seconde, qui vient de tout le sang fait et rendu atrabilaire ; la troisième, appelée hypocondriaque, qui est la nôtre, laquelle procède du vice de quelque partie du bas-ventre, et de la région inférieure, mais particulièrement de la rate, dont la chaleur et l'inflammation portent au cerveau de notre malade beaucoup de fuligines épaisses et crasses dont la vapeur noire et maligne cause dépravation aux fonctions de la faculté princesse, et fait la maladie dont, par notre raisonnement, il est manifestement atteint et convaincu. Qu'ainsi ne soit : pour diagnostique incontestable de ce que je dis, vous n'avez qu'à considérer ce grand sérieux que vous voyez, cette tristesse accompagnée de crainte et de défiance, signes pathognomoniques et individuels de cette maladie, si bien marqués chez le divin vieillard Hippocrate ; cette physionomie, ces yeux rouges et hagards, cette grande barbe, cette habitude du corps menue, grêle, noire, et velue ; lesquels signes le dénotent très affecté de cette maladie, procédante du vice des hypocondres ; laquelle maladie, par laps de temps naturalisée, envieillie, habituée, et ayant pris droit de bourgeoisie chez lui, pourroit bien dégénérer ou en manie, ou en phthisie, ou en apoplexie, ou même en fine phrénésie et fureur. Tout ceci supposé, puisqu'une maladie bien connue est à demi guérie, car *ignoti nulla est curatio morbi*, il ne vous sera pas difficile de convenir des remèdes que nous devons faire à monsieur. Premièrement, pour remédier à cette pléthore obturante, et à cette cacochymie luxuriante par tout le corps, je suis d'avis qu'il soit phlébotomisé libéralement, c'est-à-dire que les saignées soient fréquentes et plantureuses, en premier lieu de la basilique, puis de la céphalique, et même, si le mal est opiniâtre, de lui ouvrir la veine du front, et que l'ouverture soit large, afin que le gros sang puisse sortir; et en même temps de le purger, désopiler, et évacuer par purgatifs propres et convenables, c'est-à-dire par cholagogues, mélanagogues, *et cœtera:* et comme la véritable source de tout le mal est, ou une humeur crasse et féculente, ou une vapeur noire et grossière qui obscurcit, infecte et salit les esprits animaux, il est à propos ensuite qu'il prenne un bain d'eau pure et nette, avec force petit-lait clair, pour purifier par l'eau la féculence de l'humeur crasse, et éclaircir par le lait clair la noirceur de cette vapeur: mais, avant toute chose, je trouve qu'il est bon de le réjouir par agréables conversations, chants et instruments de musique; à quoi il n'y a pas d'inconvénient de joindre des danseurs, afin que leurs mouvements, disposition et agilité, puissent exciter et réveiller la paresse de ses esprits engourdis, qui occasionne l'épaisseur de son sang, d'où procède la maladie. Voilà les remèdes que j'imagine, auxquels pourront être ajoutés beaucoup d'autres meilleurs par monsieur notre maître et ancien, suivant l'expérience, jugement, lumière et suffisance qu'il s'est acquis dans notre art. *Dixi.*

SECOND MÉDECIN.

A dieu ne plaise, monsieur, qu'il me tombe en pensée d'ajouter rien à ce que vous venez de dire! Vous avez si bien discouru sur tous les signes, les symptômes et les causes de la maladie de monsieur; le raisonnement que vous en avez fait est si docte et si beau, qu'il est impossible qu'il ne soit pas fou et mélancolique hypocondriaque; et, quand il ne le seroit pas, il faudroit qu'il le devînt pour la beauté des choses que vous avez dites, et la justesse du raisonnement que vous avez fait. Oui, monsieur, vous avez dépeint fort graphiquement, *graphicè depinxisti,* tout ce qui appartient à cette maladie: il ne se peut rien de plus doctement, sagement, ingénieusement conçu, pensé, imaginé, que ce que vous avez prononcé au sujet de ce mal, soit pour la diagnose, ou la prognose, ou la thérapie; et il ne me reste rien ici que de féliciter monsieur d'être tombé entre vos mains, et de lui dire qu'il est trop heureux d'être fou, pour éprouver l'efficace et la douceur des remèdes que vous avez si judicieusement proposés. Je les approuve tous, *manibus et pedibus descendo in tuam sententiam.* Tout ce que j'y voudrois, c'est de faire les saignées et les purgations en nombre impair, *numero deus impare gaudet,* de prendre le lait clair avant le bain; de lui composer un fronteau où il entre du sel, le sel est symbole de la sagesse; de faire blanchir les murailles de sa chambre, pour dissiper les ténèbres de ses esprits, *album est disgregativum visus;* et de lui donner tout à l'heure un petit lavement, pour servir de prélude et d'introduction à ces judicieux remèdes, dont, s'il a à guérir, il doit recevoir du soulagement. Fasse le ciel que ces remèdes, monsieur, qui sont les vôtres, réussissent au malade selon notre intention!

M. DE POURCEAUGNAC.

Messieurs, il y a une heure que je vous écoute. Est-ce que nous jouons ici une comédie?

PREMIER MÉDECIN.

Non, monsieur, nous ne jouons point.

M. DE POURCEAUGNAC.

Qu'est-ce que tout ceci? et que voulez-vous dire avec votre galimatias et vos sottises?

PREMIER MÉDECIN.

Bon. Dire des injures, voilà un diagnostique qui nous manquoit pour la confirmation de son mal; et ceci pourroit bien tourner en manie.

M. DE POURCEAUGNAC, *à part.*

Avec qui m'a-t-on mis ici? (*Il crache deux ou trois fois.*)

PREMIER MÉDECIN.

Autre diagnostique, la sputation fréquente.

M. DE POURCEAUGNAC.
Laissons cela, et sortons d'ici.

PREMIER MÉDECIN.
Autre encore, l'inquiétude de changer de place.

M. DE POURCEAUGNAC.
Qu'est-ce donc que toute cette affaire? et que me voulez-vous?

PREMIER MÉDECIN.
Vous guérir selon l'ordre qui nous a été donné.

M. DE POURCEAUGNAC.
Me guérir!

PREMIER MÉDECIN.
Oui.

M. DE POURCEAUGNAC.
Parbleu! je ne suis pas malade.

PREMIER MÉDECIN.
Mauvais signe, lorsqu'un malade ne sent pas son mal.

M. DE POURCEAUGNAC.
Je vous dis que je me porte bien.

PREMIER MÉDECIN.
Nous savons mieux que vous comment vous vous portez, et nous sommes médecins qui voyons clair dans votre constitution.

M. DE POURCEAUGNAC.
Si vous êtes médecins, je n'ai que faire de vous, et je me moque de la médecine.

PREMIER MÉDECIN.
Hon! hon! voici un homme plus fou que nous ne pensons

M. DE POURCEAUGNAC.

Mon père et ma mère n'ont jamais voulu de remèdes; et ils sont morts tous deux sans l'assistance des médecins.

PREMIER MÉDECIN.

Je ne m'étonne pas s'ils ont engendré un fils qui est insensé. (*au second médecin.*) Allons, procédons à la curation; et, par la douceur exhilarante de l'harmonie, adoucissons, lénifions, et accoisons l'aigreur de ses esprits, que je vois prêts à s'enflammer.

SCÈNE XII.

M. DE POURCEAUGNAC.

Que diable est-ce là? Les gens de ce pays-ci sont-ils insensés? je n'ai jamais rien vu de tel, et je n'y comprends rien du tout.

SCÈNE XIII.

M. DE POURCEAUGNAC, DEUX MÉDECINS GROTESQUES.

(Ils s'asseyent d'abord tous trois; les médecins se lèvent à différentes reprises pour saluer M. de Pourceaugnac, qui se lève autant de fois pour les saluer.)

LES DEUX MÉDECINS.

Buon dì, buon dì, buon dì.
Non vi lasciate uccidere

Dal dolor malinconico :
Noi vi faremo ridere
Col nostro canto armonico ;
Sol' per guarirvi
Siamo venuti qui.
Buon dì, buon dì, buon dì.

PREMIER MÉDECIN.

Altro non è la pazzia
Che malinconia.
Il malato
Non è disperato,
Se vol pigliar un poco d'allegria.
Altro non è la pazzia
Che malinconia.

SECOND MÉDECIN.

Sù, cantate, ballate, ridete ;
E, se far meglio volete,
Quanto sentite il deliro vicino,
Pigliate del vino,
E qualche volta un poco di tabac,
Allegramente, monsu Pourceaugnac

SCÈNE XIV.

M. DE POURCEAUGNAC, DEUX MÉDECINS GROTESQUES, MATASSINS.

ENTRÉE DE BALLET.

Danse des matassins autour de M. de Pourceaugnac.)

SCÈNE XV.

M. DE POURCEAUGNAC, UN APOTHICAIRE *tenant une seringue.*

L'APOTHICAIRE.

Monsieur, voici un petit remède, un petit remède qu'il vous faut prendre, s'il vous plaît, s'il vous plaît.

M. DE POURCEAUGNAC.

Comment! je n'ai que faire de cela.

L'APOTHICAIRE.

Il a été ordonné, monsieur, il a été ordonné.

M. DE POURCEAUGNAC.

Ah! que de bruit!

L'APOTHICAIRE.

Prenez-le, monsieur, prenez-le; il ne vous fera point de mal, il ne vous fera point de mal.

M. DE POURCEAUGNAC.

Ah!

L'APOTHICAIRE.

C'est un petit clystère, un petit clystère, bénin, bénin; il est bénin, bénin; là, prenez, prenez, monsieur; c'est pour déterger, pour déterger, déterger.

SCÈNE XVI.

M. DE POURCEAUGNAC, L'APOTHICAIRE, LES DEUX MÉDECINS GROTESQUES, ET LES MATASSINS AVEC DES SERINGUES.

LES DEUX MÉDECINS.

Piglia lo sù,
Signor monsu ;
Piglia lo, piglia lo, piglia lo sù,
Che non ti fara male.
Piglia lo sù questo servizziale ;
Piglia lo sù,
Signor monsu ;
Piglia lo, piglia lo, piglia lo sù.

M. DE POURCEAUGNAC.

Allez-vous-en au diable.

(M. de Pourceaugnac, mettant son chapeau pour se garantir des seringues, est suivi par les deux médecins et par les matassins ; il passe par derrière le théâtre, et revient se mettre sur sa chaise, auprès de laquelle il trouve l'apothicaire qui l'attendoit ; les deux médecins et les matassins rentrent aussi.)

LES DEUX MÉDECINS.

Piglia lo sù,
Signor monsu ;
Piglia lo, piglia lo, piglia lo sù,
Che non ti fara male.

Piglia lo sù questo servizziale;
Piglia lo sù,
Signor mousu;
Piglia lo, piglia lo, piglia lo sù.

(M. de Pourceaugnac s'enfuit avec la chaise, l'apothicaire appuie sa seringue contre, et les médecins et les matassins le suivent.)

FIN DU PREMIER ACTE.

ACTE SECOND.

SCÈNE I.

PREMIER MÉDECIN, SBRIGANI.

PREMIER MÉDECIN.

Il a forcé tous les obstacles que j'avois mis, et s'est dérobé aux remèdes que je commençois de lui faire.

SBRIGANI.

C'est être bien ennemi de soi-même que de fuir des remèdes aussi salutaires que les vôtres.

PREMIER MÉDECIN.

Marque d'un cerveau démonté et d'une raison dépravée, que de ne vouloir pas guérir.

SBRIGANI.

Vous l'auriez guéri haut la main.

PREMIER MÉDECIN.

Sans doute, quand il y auroit eu complication de douze maladies.

SBRIGANI.

Cependant voilà cinquante pistoles bien acquises qu'il vous fait perdre.

PREMIER MÉDECIN.

Moi, je n'entends point les perdre, et je prétends le guérir en dépit qu'il en ait. Il est lié e engagé à mes remèdes; et je veux le faire saisir où je le trouverai, comme déserteur de la médecine, et infracteur de mes ordonnances.

SBRIGANI.

Vous avez raison. Vos remèdes étoient un coup sûr, et c'est de l'argent qu'il vous vole.

PREMIER MÉDECIN.

Où puis-je en avoir des nouvelles?

SBRIGANI.

Chez le bon homme Oronte, assurément, dont il vient épouser la fille, et qui, ne sachant rien de l'infirmité de son gendre futur, voudra peut-être se hâter de conclure le mariage.

PREMIER MÉDECIN.

Je vais lui parler tout à l'heure.

SBRIGANI.

Vous ne ferez point mal.

PREMIER MÉDECIN.

Il est hypothéqué à mes consultations; et un malade ne se moquera pas d'un médecin.

SBRIGANI.

C'est fort bien dit à vous; et, si vous m'en croyez, vous ne souffrirez point qu'il se marie que vous ne l'ayez pansé tout votre soûl.

PREMIER MÉDECIN.

Laissez-moi faire.

SBRIGANI, *à part, en s'en allant*.

Je vais, de mon côté, dresser une autre batterie; et le beau-père est aussi dupe que le gendre.

SCÈNE II

ORONTE, PREMIER MÉDECIN.

PREMIER MÉDECIN.

Vous avez, monsieur, un certain monsieur de Pourceaugnac qui doit épouser votre fille.

ORONTE.

Oui ; je l'attends de Limoges, et il devroit être arrivé.

PREMIER MÉDECIN.

Aussi l'est-il, et il s'est enfui de chez moi après y avoir été mis : mais je vous défends, de la part de la médecine, de procéder au mariage que vous avez conclu, que je ne l'aie dûment préparé pour cela, et mis en état de procréer des enfants bien conditionnés et de corps et d'esprit.

ORONTE.

Comment donc ?

PREMIER MÉDECIN.

Votre prétendu gendre a été constitué mon malade : sa maladie, qu'on m'a donnée à guérir, est un meuble qui m'appartient, et que je compte entre mes effets ; et je vous déclare que je ne prétends point qu'il se marie, qu'au préalable il n'ait satisfait à la médecine, et subi les remèdes que je lui ai ordonnés.

ORONTE.

Il a quelque mal ?

ACTE II, SCENE II

PREMIER MÉDECIN.

Oui.

ORONTE.

Et quel mal, s'il vous plaît?

PREMIER MÉDECIN.

Ne vous en mettez pas en peine.

ORONTE.

Est-ce quelque mal...?

PREMIER MÉDECIN.

Les médecins sont obligés au secret. Il suffit que je vous ordonne, à vous et à votre fille, de ne point célébrer sans mon consentement vos noces avec lui, sur peine d'encourir la disgrâce de la faculté, et d'être accablés de toutes les maladies qu'il nous plaira.

ORONTE.

Je n'ai garde, si cela est, de faire le mariage.

PREMIER MÉDECIN.

On me l'a mis entre les mains, et il est obligé d'être mon malade.

ORONTE.

A la bonne heure.

PREMIER MÉDECIN.

Il a beau fuir, je le ferai condamner par arrêt à se faire guérir par moi.

ORONTE.

J'y consens.

PREMIER MÉDECIN.

Oui, il faut qu'il crève, ou que je le guérisse.

ORONTE.

Je le veux bien.

PREMIER MÉDECIN.

Et si je ne le trouve, je m'en prendrai à vous; et je vous guérirai au lieu de lui.

ORONTE.

Je me porte bien.

PREMIER MÉDECIN.

Il n'importe; il me faut un malade, et je prendrai qui je pourrai.

ORONTE.

Prenez qui vous voudrez; mais ce ne sera pas moi. (*seul.*) Voyez un peu la belle raison!

SCÈNE III.

ORONTE; SBRIGANI, *en marchand flamand.*

SBRIGANI.

Montsir, avec le fostre permission, je suis un trancher marchend flanane qui foudroit bienne fous demandair un petit nouvel.

ORONTE.

Quoi, monsieur?

SBRIGANI.

Mettez le fostre chapeau sur le tête, montsir, si ve plaît.

ORONTE.

Dites-moi, monsieur, ce que vous voulez.

ACTE II, SCÈNE III.

SBRIGANI.

Moi le dire rien, montsir, si fous le mettre pas le chapeau sur le tête.

ORONTE.

Soit. Qu'y a-t-il, monsieur ?

SBRIGANI.

Fous connoître point en sti file un certe montsir Oronte.

ORONTE.

Oui, je le connois.

SBRIGANI.

Et quel homme est-il, montsir, si ve plait ?

ORONTE.

C'est un homme comme les autres.

SBRIGANI.

Je fous temande, montsir, s'il est un homme riche, qui a du bienne.

ORONTE.

Oui.

SBRIGANI.

Mais riche beaucoup grandement, moutsir ?

ORONTE.

Oui.

SBRIGANI.

J'en suis aise beaucoup, montsir.

ORONTE.

Mais pourquoi cela ?

SBRIGANI.

L'est, montsir, pour un petit raisonne de conséquence pour nous.

ORONTE.

Mais encore, pourquoi?

SBRIGANI.

L'est, montsir, que sti montsir Oronte donne son fille en mariage à un certé montsir de Pourcegnac.

ORONTE.

Hé bien?

SBRIGANI.

Et sti montsir de Pourcegnac, montsir, l'est un homme que doive beaucoup grandement à dix ou douze marchanes flamanes qui être venus ici.

ORONTE.

Ce monsieur de Pourceaugnac doit beaucoup à dix ou douze marchands?

SBRIGANI.

Oui, montsir; et depuis huite mois nous afoir obtenir un petit sentence contre lui; et lui a remettre à payer tou ce créancier de sti mariage que sti montsir Oronte donne pour son fille.

ORONTE.

Hon, hon, il a remis là à payer ses créanciers?

SBRIGANI.

Oui, montsir; et avec un grant défotion nous tous attendre sti mariage.

ORONTE, *à part.*

L'avis n'est pas mauvais. *(haut.)* Je vous donne le bon jour.

SBRIGANI.

Je remercie montsir de la faveur grande.

ORONTE.
Votre très humble valet.

SBRIGANI.

Je le suis, montsir, obliger plus que beaucoup du bon nouvel que montsir m'avoir donné.
(seul, après avoir ôté sa barbe, et dépouillé l'habit de flamand qu'il a par-dessus le sien.)
Cela ne va pas mal. Quittons notre ajustement de flamand pour songer à d'autres machines; et tâchons de semer tant de soupçons et de division entre le beau-père et le gendre, que cela rompe le mariage prétendu. Tous deux également sont propres à gober les hameçons qu'on leur veut tendre; et, entre nous autres fourbes de la première classe, nous ne faisons que nous jouer lorsque nous trouvons un gibier aussi facile que celui-là.

SCÈNE IV.

M. DE POURCEAUGNAC, SBRIGANI.

M. DE POURCEAUGNAC, se croyant seul.
PIGLIA lo sù, piglia lo sù,
Signor monsu...
Que diable est-ce là? (apercevant Sbrigani.) Ah!

SBRIGANI.
Qu'est-ce, monsieur? qu'avez-vous?

M. DE POURCEAUGNAC.
Tout ce que je vois me semble lavement.

SBRIGANI.

Comment?

M. DE POURCEAUGNAC.

Vous ne savez pas ce qui m'est arrivé dans ce logis à la porte duquel vous m'avez conduit?

SBRIGANI.

Non, vraiment. Qu'est-ce que c'est?

M. DE POURCEAUGNAC.

Je pensois y être régalé comme il faut

SBRIGANI.

Hé bien?

M. DE POURCEAUGNAC.

Je vous laisse entre les mains de monsieur. Des médecins habillés de noir. Dans une chaise. Tâter le pouls. Comme ainsi soit. Il est fou. Deux gros jouflus. Grands chapeaux. *Buon dì, buon dì.* Six pantalons. Ta, ra, ta, ta; ta, ra, ta, ta; *allegramente, monsu Pourceaugnac.* Apothicaire. Lavement. Prenez, monsieur, prenez, prenez. Il est bénin, bénin, bénin. C'est pour déterger, pour déterger, déterger. *Piglia lo sù, signor monsu; piglia lo, piglia lo, piglia lo sù.* Jamais je n'ai été si soûl de sottises.

SBRIGANI.

Qu'est-ce que tout cela veut dire?

M. DE POURCEAUGNAC.

Cela veut dire que cet homme-là, avec ses grandes embrassades, est un fourbe, qui m'a mis dans une maison pour se moquer de moi et me faire une pièce.

SBRIGANI.

Cela est-il possible?

M. DE POURCEAUGNAC.

Sans doute. Ils étoient une douzaine de possédés après mes chausses; et j'ai eu toutes les peines du monde à m'échapper de leurs pattes.

SBRIGANI.

Voyez un peu; les mines sont bien trompeuses! Je l'aurois cru le plus affectionné de vos amis. Voilà un de mes étonnements, comme il est possible qu'il y ait des fourbes comme cela dans le monde.

M. DE POURCEAUGNAC.

Ne sens-je point le lavement? Voyez, je vous prie.

SBRIGANI.

Hé! il y a quelque petite chose qui approche de cela.

M. DE POURCEAUGNAC.

J'ai l'odorat et l'imagination tout remplis de cela; et il me semble toujours que je vois une douzaine de lavements qui me couchent en joue.

SBRIGANI.

Voilà une méchanceté bien grande! et les hommes sont bien traîtres et scélérats!

M. DE POURCEAUGNAC.

Enseignez-moi, de grace, le logis de monsieur Oronte, je suis bien aise d'y aller tout à l'heure.

SBRIGANI.

Ah! ah! vous êtes donc de complexion amoureuse; et vous avez ouï parler que ce monsieur Oronte a une fille...

M. DE POURCEAUGNAC.

Oui, je viens l'épouser.

SBRIGANI.

L'é... l'épouser?

M. DE POURCEAUGNAC.

Oui.

SBRIGANI.

En mariage?

M. DE POURCEAUGNAC.

De quelle façon donc?

SBRIGANI.

Ah! c'est une autre chose; je vous demande pardon.

M. DE POURCEAUGNAC.

Qu'est-ce que cela veut dire?

SBRIGANI.

Rien.

M. DE POURCEAUGNAC.

Mais encore?

SBRIGANI.

Rien, vous dis-je. J'ai un peu parlé trop vite.

M. DE POURCEAUGNAC.

Je vous prie de me dire ce qu'il y a là-dessous.

SBRIGANI.

Non, cela n'est pas nécessaire.

ACTE II, SCÊNE IV.

M. DE POURCEAUGNAC.

De grace.

SBRIGANI.

Point : je vous prie de m'en dispenser.

M. DE POURCEAUGNAC.

Est-ce que vous n'êtes point de mes amis ?

SBRIGANI.

Si fait ; on ne peut pas l'être davantage.

M. DE POURCEAUGNAC.

Vous devez donc ne me rien cacher.

SBRIGANI.

C'est une chose où il y va de l'intérêt du prochain.

M. DE POURCEAUGNAC.

Afin de vous obliger à m'ouvrir votre cœur, voilà une petite bague que je vous prie de garder pour l'amour de moi.

SBRIGANI.

Laissez-moi consulter un peu si je le puis faire en conscience. (*après s'être un peu éloigné de M. de Pourceaugnac.*) C'est un homme qui cherche son bien, qui tâche de pourvoir sa fille le plus avantageusement qu'il est possible ; et il ne faut nuire à personne : ce sont des choses qui sont connues à la vérité ; mais j'irai les découvrir à un homme qui les ignore, et il est défendu de scandaliser son prochain, cela est vrai. Mais d'autre part voilà un étranger qu'on veut surprendre, et qui, de bonne foi, vient se marier avec une fille qu'il ne connoît pas, et qu'il n'a jamais vue; un gentilhomme plein de franchise, pour qui je me sens de l'inclination, qui me fait l'honneur de me tenir pour son ami, prend confiance en moi, et me donne une bague à garder pour l'amour de lui. (à M. de Pourceaugnac.) Oui, je trouve que je puis vous dire les choses sans blesser ma conscience; mais tâchons de vous les dire le plus doucement qu'il nous sera possible, et d'épargner les gens le plus que nous pourrons. De vous dire que cette fille-là mène une vie déshonnête, cela seroit un peu trop fort; cherchons, pour nous expliquer, quelques termes plus doux. Le mot de galante aussi n'est pas assez, celui de coquette achevée me semble propre à ce que nous voulons, et je m'en puis servir pour vous dire honnêtement ce qu'elle est.

M. DE POURCEAUGNAC.

L'on me veut donc prendre pour dupe?

SBRIGANI.

Peut-être dans le fond n'y a-t-il pas tant de mal que tout le monde croit; et puis il y a des gens après tout qui se mettent au-dessus de ces sortes de choses, et qui ne croient pas que leur honneur dépende....

M. DE POURCEAUGNAC.

Je suis votre serviteur, je ne me veux point mettre sur la tête un chapeau comme celui-là; et l'on aime à aller le front levé dans la famille des Pourceaugnacs.

SBRIGANI.

Voilà le père.

M. DE POURCEAUGNAC.

Ce vieillard-là?

SBRIGANI.

Oui. Je me retire.

SCÈNE V.

ORONTE, M. DE POURCEAUGNAC.

M. DE POURCEAUGNAC.

Bon jour, monsieur, bon jour.

ORONTE.

Serviteur, monsieur, serviteur.

M. DE POURCEAUGNAC.

Vous êtes monsieur Oronte, n'est-ce pas?

ORONTE.

Oui.

M. DE POURCEAUGNAC.

Et moi, monsieur de Pourceaugnac.

ORONTE.

A la bonne heure.

M. DE POURCEAUGNAC.

Croyez-vous, monsieur Oronte, que les Limosins soient des sots?

ORONTE.

Croyez-vous, monsieur de Pourceaugnac, que les Parisiens soient des bêtes?

M. DE POURCEAUGNAC.

Vous imaginez-vous, monsieur Oronte, qu'un homme comme moi soit si affamé de femme?

ORONTE.

Vous imaginez-vous, monsieur de Pourceaugnac, qu'une fille comme la mienne soit si affamée de mari?

SCÈNE VI.

JULIE, ORONTE, M. DE POURCEAUGNAC.

JULIE.

On vient de me dire, mon père, que monsieur de Pourceaugnac est arrivé. Ah! le voilà sans doute, et mon cœur me le dit. Qu'il est bien fait! Qu'il a bon air! Et que je suis contente d'avoir un tel époux! Souffrez que je l'embrasse, et que je lui témoigne...

ORONTE.

Doucement, ma fille, doucement.

M. DE POURCEAUGNAC, *à part*.

Tudieu! quelle galante! Comme elle prend feu d'abord!

ORONTE.

Je voudrois bien savoir, monsieur de Pourceaugnac, par quelle raison vous venez...

JULIE *s'approche de M. de Pourceaugnac, le regarde d'un air languissant, et lui veut prendre la main.*

Que je suis aise de vous voir! et que je brûle d'impatience....

ORONTE.

Ah! ma fille, ôtez-vous de là, vous dis-je.

ACTE II, SCÈNE VI.

M. DE POURCEAUGNAC, *à part.*

Oh! oh! quelle égrillarde!

ORONTE.

Je voudrois bien, dis-je, savoir par quelle raison, s'il vous plaît, vous avez la hardiesse de...

(*Julie continue le même jeu.*)

M. DE POURCEAUGNAC, *à part.*

Vertu de ma vie!

ORONTE, *à Julie.*

Encore! qu'est-ce à dire, cela?

JULIE.

Ne voulez-vous pas que je caresse l'époux que vous m'avez choisi?

ORONTE.

Non. Rentrez là-dedans.

JULIE.

Laissez-moi le regarder.

ORONTE.

Rentrez, vous dis-je.

JULIE.

Je veux demeurer là, s'il vous plaît.

ORONTE.

Je ne veux pas, moi; et, si tu ne rentres tout à l'heure, je...

JULIE.

Hé bien! je rentre.

ORONTE.

Ma fille est une sotte, qui ne sait pas les choses.

M. DE POURCEAUGNAC.

Comme nous lui plaisons!

4.

ORONTE, *à Julie qui est restée après avoir fait quelques pas pour s'en aller.*

Tu ne veux pas te retirer?

JULIE.

Quand est-ce donc que vous me marierez avec monsieur?

ORONTE.

Jamais; et tu n'es pas pour lui.

JULIE.

Je le veux avoir, moi, puisque vous me l'avez promis.

ORONTE.

Si je te l'ai promis, je te le dépromets.

M. DE POURCEAUGNAC, *à part.*

Elle voudroit bien me tenir.

JULIE.

Vous avez beau faire, nous serons mariés ensemble en dépit de tout le monde.

ORONTE.

Je vous en empêcherai bien tous deux, je vous assure. Voyez un peu quel vertigo lui prend!

SCÈNE VII.

ORONTE, M. DE POURCEAUGNAC.

M. DE POURCEAUGNAC.

Mon dieu! notre beau-père prétendu, ne vous fatiguez point tant; on n'a pas envie de vous enlever votre fille, et vos grimaces n'attraperont rien.

ORONTE.

Toutes les vôtres n'auront pas grand effet.

M. DE POURCEAUGNAC.

Vous êtes-vous mis dans la tête que Léonard de Pourceaugnac soit un homme à acheter chat en poche, et qu'il n'ait pas là-dedans quelque morceau de judiciaire pour se conduire, pour se faire informer de l'histoire du monde, et voir, en se mariant, si son honneur a bien toutes ses sûretés ?

ORONTE.

Je ne sais pas ce que cela veut dire : mais vous êtes-vous mis dans la tête qu'un homme de soixante et trois ans ait si peu de cervelle, et considère si peu sa fille, que de la marier avec un homme qui a ce que vous savez, et qui a été mis chez un médecin pour être pansé ?

M. DE POURCEAUGNAC.

C'est une pièce que l'on m'a faite, et je n'ai aucun mal.

ORONTE.

Le médecin me l'a dit lui-même.

M. DE POURCEAUGNAC.

Le médecin en a menti. Je suis gentilhomme, et je le veux voir l'épée à la main.

ORONTE.

Je sais ce que j'en dois croire; et vous ne m'abuserez pas là-dessus, non plus que sur les dettes que vous avez assignées sur le mariage de ma fille.

M. DE POURCEAUGNAC.

Quelles dettes ?

ORONTE.

La feinte ici est inutile ; et j'ai vu le marchand flamand qui, avec les autres créanciers, a obtenu depuis huit mois, sentence contre vous.

M. DE POURCEAUGNAC.

Quel marchand flamand ? Quels créanciers ? Quelle sentence obtenue contre moi ?

ORONTE.

Vous savez bien ce que je veux dire.

SCÈNE VIII.

LUCETTE, ORONTE, M. DE POURCEAUGNAC.

LUCETTE, *contrefaisant une Languedocienne.*

Ah ! tu es assi, et à la fi yeu te trobi après abé fait tant de passés ! Podes-tu, scélérat, podes-tu sousteni ma bisto ?

M. DE POURCEAUGNAC.

Qu'est-ce que veut cette femme-là ?

LUCETTE.

Que te boli, infame ? Tu fas sémblan de nou me pas connouisse, et non rougisses pas, impudint que tu sios, tu ne rougisses pas de me beyre ? (*à Oronte.*) Nou sabi pas, moussur, saques bous dont m'an dit que bouillo espousa la fillo ; may yeu bous déclari que yeu soun sa fenno, et que y a set ans, moussur, qu'en passant à Pézénas, el auguet l'adresse, dambé sas mignardisos, coumo saptabla fayre, de me gagna lou cor, et m'obligel pra quel moucyen à ly donna la man per l'espousa.

ACTE II, SCENE VIII.

ORONTE.

Oh! oh!

M. DE POURCEAUGNAC.

Que diable est-ce ci?

LUCETTE.

Lou trayté me quitel trés ans après, sul préteste de qualques affayres que l'apelabon dins soun pays, et despey noun l'y resçau put quaso de nou- belo; may dins lou tens qu'y soungeabi lous mens, n'an dounat abist que begnio dins aquesto billo per se remarida dambé un autro jouena fillo, que bous parens ly an procurado, sensse saupré res de oun premier mariatge. Yeu ai tout quittat en dili- censso, et me souy rendudo dins aqueste loc, lou u leu qu'ay pouscut, per m'oupousa en aquel criminel mariatge, et confondre as elys de tout le mounde lou plus méchant day hommes.

M. DE POURCEAUGNAC.

Voilà une étrange effrontée!

LUCETTE.

Impudint, n'as pas honte de m'injuria, alloc d'être confus day reproches secrets que ta cons- iensso te deu fayre?

M. DE POURCEAUGNAC.

Moi, je suis votre mari?

LUCETTE.

Infame gausos-tu dire lou contrairi? Hé! tu sabes bé, per ma penno, que n'es que trop bertat; et plaguesso al cel qu'aco nous fouguesso pas, et que m'auquesso layssado dins l'état d'innouessenço et dins la tranquillitat oun moun amo bibio daban que tous charmes et tas trompariés oun m'en benguesson malheurousomen fayre sourti! yeu nou serio pas réduito à fayré lou tristé persounatge que yeu fave présentemen; à beyre un marit cruel mespresa touto l'ardou que yeu ay per el, et me laissa sensse cap de piétat abandounado à las mourtéles doulous que yeu ressenti de sas perfidos accius.

ORONTE.

Je ne saurois m'empêcher de pleurer. (à M. de Pourceaugnac.) Allez, vous êtes un méchant homme.

M. DE POURCEAUGNAC

Je ne connois rien à tout ceci.

SCÈNE IX.

NÉRINE, LUCETTE, ORONTE, M. DE POURCEAUGNAC.

NÉRINE, *contrefaisant une Picarde.*

Ah! je n'en pis plus, je sis tout essoflée. Ah! infaron, tu m'as bien fait courir, tu ne m'écaperas mie. Justiche! justiche! je boute empêchement au mariage. (*à Oronte.*) Chés mon méri, monsieu, et je veux faire peindre ché bon pendard-là.

M. DE POURCEAUGNAC.

Encore!

ORONTE, *à part.*

Quel diable d'homme est-ce ci'

ACTE II, SCÈNE IX.

LUCETTE.

Et que boulez-bous dire ambé bostre empachomen et bostro pendarie ? qu'aquel homo est bostre marit ?

NÉRINE.

Oui, medéme, et je sis sa femme.

LUCETTE.

Aquo es faus, aquos yeu que soun sa fenno ; et se deustre pendut, aquo sera yeu que lou ferai penjat.

NÉRINE.

Je n'entains mie che baragoin-là

LUCETTE.

Yeu bous disi que yeu soun sa fenno.

NÉRINE.

Sa femme ?

LUCETTE

Oy.

NÉRINE.

Je vous di que chest mi, encore in coup, qui le sis.

LUCETTE.

Et yeu bous sousteni, yeu, qu'aquos yeu.

NÉRINE.

Il y a quetre ans qu'il m'a éposée.

LUCETTE.

Et yeu set ans y a que m'a preso per fenno.

NÉRINE.

J'ai des gairants de tout ce que je di.

LUCETTE.

Tout mon pay lo sap.

NÉRINE.

No ville en est témoin.

LUCETTE.

Tout Pézénas a bist nostre mariatge.

NÉRINE.

Tout Chin-Quentin a assisté à nos noches.

LUCETTE.

Nou y a res de tant béritable.

NÉRINE.

Il gu'y a rien de plus chertain.

LUCETTE, *à M. de Pourceaugnac.*

Gausos-tu dire lou contrari, valisquos?

NÉRINE, *à M. de Pourceaugnac.*

Est-che que tu me démentiras, méchaint homme?

M. DE POURCEAUGNAC.

Il est aussi vrai l'un que l'autre.

LUCETTE.

Quaingn impudensso! Et coussy, misérable, nou te soubennes plus de la pauro François et del pauré Jeannet, que soun lous fruits de nostre mariatge?

NÉRINE.

Bayez un peu l'insolence! Quoi, tu ne te souviens mie de chette pauvre ainfain, no petite Madelaine, que tu m'as laichée pour gaige de ta foi?

M. DE POURCEAUGNAC.

Voilà deux impudentes carognes.

LUCETTE.

Beni, Françon; beni, Jeannet; beni touston, beni toustaine, beni fayre beyre à un payre denaturat la duretat qu'el a per nostres.

NÉRINE.

Venez, Madelaine; men ainfain, venez-ves-en ichi faire honte à vo père de l'impudainche qu'il a.

SCÈNE X.

ORONTE, M. DE POURCEAUGNAC, LUCETTE, NÉRINE, PLUSIEURS ENFANTS.

LES ENFANTS.

Ah! mon papa! mon papa! mon papa!

M. DE POURCEAUGNAC.

Diantre soit des petits fils de putains!

LUCETTE.

Coussy, trayte, tu nou sios pas dins la derniare confusiu de ressaupre à tal tous enfants, et de ferma l'orcillo à la tendresso paternello? Tu nou m'escaperas pas, infâme : yeu te boly seguy pertout, et te reproucha ton crime, jusquos à tant que me sio beniado, et que t'ayo fayt penjat : couquy, te boly fayre penjat.

NÉRINE.

Ne rougis-tu mie de dire ches mots-là, et d'être insainsible aux cairesses de chette pauvre ainfain? Tu ne te sauveras mie de mes pattes : et, en dépit de tes dains, je ferai bien voir que je sis ta femme, et je te ferai pindre.

LES ENFANTS.

Mon papa! mon papa! mon papa!

M. DE POURCEAUGNAC.

Au secours! au secours! Où fuirai-je? Je n'en puis plus.

ORONTE, *à Lucette et à Nérine.*

Allez, vous ferez bien de le faire punir; et il mérite d'être pendu.

SCÈNE XI.

SBRIGANI.

Je conduis de l'œil toutes choses, et tout cela ne va pas mal. Nous fatiguerons tant notre provincial, qu'il faudra, ma foi, qu'il déguerpisse.

SCÈNE XII.

M. DE POURCEAUGNAC, SBRIGANI.

M. DE POURCEAUGNAC.

Ah! je suis assommé. Quelle peine! quelle maudite ville! Assassiné de tous côtés!

SBRIGANI.

Qu'est-ce, monsieur? Est-il encore arrivé quelque chose?

M. DE POURCEAUGNAC.

Oui; il pleut en ce pays des femmes et des lavements.

SBRIGANI.

Comment donc?

ACTE II, SCÈNE XII.

M. DE POURCEAUGNAC.

Deux carognes de baragouineuses me sont venues accuser de les avoir épousées toutes deux, et me menacent de la justice.

SBRIGANI.

Voilà une méchante affaire; et la justice en ce pays-ci est rigoureuse en diable contre cette sorte de crime.

M. DE POURCEAUGNAC.

Oui; mais quand il y auroit information, ajournement, décret et jugement obtenu par surprise, défaut et contumace, j'ai la voie du conflit de juridiction pour temporiser et venir aux moyens de nullité qui seront dans les procédures.

SBRIGANI.

Voilà en parler dans tous les termes; et l'on voit bien, monsieur, que vous êtes du métier.

M. DE POURCEAUGNAC.

Moi! point du tout; je suis gentilhomme.

SBRIGANI.

Il faut bien, pour parler ainsi, que vous ayez étudié la pratique.

M. DE POURCEAUGNAC.

Point; ce n'est que le sens commun qui me fait juger que je serai toujours reçu à mes faits justificatifs, et qu'on ne me sauroit condamner sur une simple accusation, sans un récolement et confrontation avec mes parties.

SBRIGANI.

En voilà du plus fin encore

M. DE POURCEAUGNAC.
Ces mots-là me viennent sans que je les sache.

SBRIGANI.
Il me semble que le sens commun d'un gentilhomme peut bien aller à concevoir ce qui est du droit et de l'ordre de la justice, mais non pas à savoir les vrais termes de la chicane.

M. DE POURCEAUGNAC.
Ce sont quelques mots que j'ai retenus en lisant les romans.

SBRIGANI.
Ah! fort bien.

M. DE POURCEAUGNAC.
Pour vous montrer que je n'entends rien du tout à la chicane, je vous prie de me mener chez quelque avocat pour consulter mon affaire.

SBRIGANI.
Je le veux, et vais vous conduire chez deux hommes fort habiles : mais j'ai auparavant à vous avertir de n'être point surpris de leur manière de parler; ils ont contracté du barreau certaine habitude de déclamation, qui fait que l'on diroit qu'ils chantent, et vous prendrez pour musique tout ce qu'ils vous diront.

M. DE POURCEAUGNAC.
Qu'importe comme ils parlent, pourvu qu'ils me disent ce que je veux savoir.

SCÈNE XIII.

M. DE POURCEAUGNAC, SBRIGANI, DEUX AVOCATS, DEUX PROCUREURS, DEUX SERGENTS.

PREMIER AVOCAT, *traînant ses paroles en chantant.*
　　La polygamie est un cas,
　　Est un cas pendable.

SECOND AVOCAT, *chantant fort vite en bredouillant.*
　　　Votre fait
　　　Est clair et net,
　　　Et tout le droit,
　　　Sur cet endroit,
　　　Conclut tout droit.
　　Si vous consultez nos auteurs,
　　Législateurs et glossateurs,
　　Justinian, Papinian,
　　Ulpian et Tribonian,
　　Fernand, Rebuffe, Jean Imole,
　　Paul Castre, Julian, Barthole,
　　Jason, Alciat, et Cujas
　　　Ce grand homme si capable,
　　La polygamie est un cas,
　　　Est un cas pendable.

ENTRÉE DE BALLET.

(Danse de deux procureurs et de deux sergents, pendant que le second avocat chante les paroles qui suivent :)

　　Tous les peuples policés,
　　　Et bien sensés,

Les François, Anglois, Hollandois,
Danois, Suédois, Polonois,
Portugais, Espagnols, Flamands,
Italiens, Allemands,
Sur ce fait tiennent loi semblable ;
Et l'affaire est sans embarras.
La polygamie est un cas,
Est un cas pendable.

LE PREMIER AVOCAT *chante celles-ci.*
La polygamie est un cas,
Est un cas pendable.

(M. de Pourceaugnac, impatienté, les chasse.)

FIN DU SECOND ACTE.

ACTE TROISIÈME.

SCÈNE I.

ÉRASTE, SBRIGANI.

SBRIGANI.

Oui, les choses s'acheminent où nous voulons; et comme ses lumières sont fort petites, et son sens le plus borné du monde, je lui ai fait prendre une frayeur si grande de la sévérité de la justice de ce pays, et des apprêts qu'on faisoit déjà pour sa mort, qu'il veut prendre la fuite; et, pour se dérober avec plus de facilité aux gens que je lui ai dit qu'on avoit mis pour l'arrêter aux portes de la ville, il s'est résolu à se déguiser, et le déguisement qu'il a pris est l'habit d'une femme.

ÉRASTE.

Je voudrois bien le voir en cet équipage.

SBRIGANI.

Songez de votre part à achever la comédie; et tandis que je jouerai mes scènes avec lui, allez-vous-en. (*Il lui parle à l'oreille.*) Vous entendez bien?

ÉRASTE.

Oui.

SBRIGANI.

Et lorsque je l'aurai mis où je veux... (*Il lui parle à l'oreille.*)

ERASTE.

Fort bien.

SBRIGANI.

Et quand le père aura été averti par moi... (*Il lui parle encore à l'oreille.*)

ÉRASTE

Cela va le mieux du monde.

SBRIGANI.

Voici notre demoiselle. Allez vite, qu'il ne nous voie ensemble.

SCÈNE II.

M. DE POURCEAUGNAC, *en femme*; SBRIGANI.

SBRIGANI.

Pour moi, je ne crois pas qu'en cet état on puisse jamais vous connoître; et vous avez la mine comme cela d'une femme de condition

M. DE POURCEAUGNAC.

Voilà qui m'étonne, qu'en ce pays-ci les formes de la justice ne soient point observées.

SBRIGANI.

Oui, je vous l'ai déjà dit, ils commencent ici par faire pendre un homme, et puis ils lui font son procès.

M. DE POURCEAUGNAC.

Voilà une justice bien injuste.

SBRIGANI.

Elle est sévère comme tous les diables, particulièrement sur ces sortes de crimes.

M. DE POURCEAUGNAC.

Mais quand on est innocent?

SBRIGANI.

N'importe, ils ne s'enquêtent point de cela : et puis ils ont en cette ville une haine effroyable pour les gens de votre pays; et ils ne sont pas plus ravis que de voir pendre un Limosin.

M. DE POURCEAUGNAC.

Qu'est-ce que les Limosins leur ont donc fait?

SBRIGANI.

Ce sont des brutaux, ennemis de la gentillesse et du mérite des autres villes. Pour moi, je vous avoue que je suis pour vous dans une peur épouvantable; et je ne me consolerois de ma vie si vous veniez à être pendu.

M. DE POURCEAUGNAC.

Ce n'est pas tant la peur de la mort qui me fait fuir, que de ce qu'il est fâcheux à un gentilhomme d'être pendu, et qu'une preuve comme celle-là feroit tort à nos titres de noblesse.

SBRIGANI.

Vous avez raison; on vous contesteroit après cela le titre d'écuyer. Au reste, étudiez-vous, quand je vous mènerai par la main, à bien marcher comme une femme, et à prendre le langage et toutes les manières d'une personne de qualité.

M. DE POURCEAUGNAC.

Laissez-moi faire; j'ai vu les personnes du bel air. Tout ce qu'il y a, c'est que j'ai un peu de barbe.

SBRIGANI.

Votre barbe n'est rien; il y a des femmes qui en ont autant que vous. Çà, voyons un peu comme vous ferez. (*après que M. de Pourceaugnac a contrefait la femme de condition.*) Bon.

M. DE POURCEAUGNAC.

Allons donc, mon carrosse; où est-ce qu'est mon carrosse? Mon dieu! qu'on est misérable d'avoir des gens comme cela! Est-ce qu'on me fera attendre toute la journée sur le pavé, et qu'on ne me fera point venir mon carrosse?

SBRIGANI.

Fort bien.

M. DE POURCEAUGNAC.

Holà! ho! cocher, petit laquais. Ah! petit fripon, que de coups de fouet je vous ferai donner tantôt! Petit laquais, petit laquais. Où est-ce donc qu'est ce petit laquais? ce petit laquais ne se trouvera-t-il point? ne me fera-t-on point venir ce petit laquais? Est-ce que je n'ai point un petit laquais dans le monde?

SBRIGANI.

Voilà qui va à merveille. Mais je remarque une chose: cette coiffe est un peu trop déliée; j'en vais quérir une un peu plus épaisse, pour vous mieux cacher le visage en cas de quelque rencontre.

ACTE III, SCÈNE II.

M. DE POURCEAUGNAC.

Que deviendrai-je cependant?

SBRIGANI.

Attendez-moi là, je suis à vous dans un moment; vous n'avez qu'à vous promener.
(M. de Pourceaugnac fait plusieurs tours sur le théâtre, en continuant à contrefaire la femme de qualité.)

SCÈNE III.

M. DE POURCEAUGNAC, DEUX SUISSES.

PREMIER SUISSE, *sans voir M. de Pourceaugnac.*

Alyons, dépêchons, camerade; ly faut allair tous deux nous à la Crève, pour regarter un peu chousticier sti montsir de Porcegnac, qui l'a été contané par ortornance à l'être pendu par son cou.

SECOND SUISSE, *sans voir M. de Pourceaugnac.*

Ly faut nous loër un fenestre pour foir sti choustice.

PREMIER SUISSE.

Ly disent que l'on fait téjà planter un grand potence toute neuve, pour ly accrocher sti Porcegnac.

SECOND SUISSE.

Ly sira, ma foi, un grant plaisir d'y regarter pendre sti Limossin.

PREMIER SUISSE.

Oui, te ly foir gambiller les pieds en haut tefant tout le monde.

SECOND SUISSE.

Ly est un plaisant trôle, oui : ly disent que s'être marié troy foie.

PREMIER SUISSE.

Sti diable ly fouloir troy femmes à ly tout seul; l'y être bien assez t'une.

SECOND SUISSE, *en apercevant M. de Pourceaugnac.*

Ah! pon chour, mameselle.

PREMIER SUISSE.

Que faire fous là tout seul?

M. DE POURCEAUGNAC.

J'attends mes gens, messieurs.

SECOND SUISSE.

Ly être belle, par mon foi.

M. DE POURCEAUGNAC.

Doucement, messieurs.

PREMIER SUISSE.

Fous, mameselle, fouloir finir rechouir fous à la Grève? Nous foire foir à fous un petit pendement pien choli.

M. DE POURCEAUGNAC.

Je vous rends grace.

SECOND SUISSE.

L'être un gentilhomme limossin, qui sera pendu chantiment à un grand potence.

M. DE POURCEAUGNAC.

Je n'ai pas de curiosité.

PREMIER SUISSE.

Ly être là un petit téton qui l'est trôle.

M. DE POURCEAUGNAC.

Tout beau.

PREMIER SUISSE.

Mon foi, moi couchair pien afec fous.

M. DE POURCEAUGNAC.

Ah! c'en est trop; et ces sortes d'ordures-là ne se disent point à une femme de ma condition.

SECOND SUISSE.

Laisse, toi; l'être moi qui veux couchair afec elle.

PREMIER SUISSE.

Moi, ne fouloir pas laisser.

SECOND SUISSE.

Moi, ly fouloir, moi.

(Les deux Suisses tirent M. de Pourceaugnac avec violence.)

PREMIER SUISSE.

Moi, ne faire rien.

SECOND SUISSE.

Toi, l'afoir pien menti.

PREMIER SUISSE.

Parti, toi, l'afoir menti toi-même.

M. DE POURCEAUGNAC.

Au secours, à la force!

SCÈNE IV.

M. DE POURCEAUGNAC, UN EXEMPT, DEUX ARCHERS, DEUX SUISSES.

L'EXEMPT.

Qu'est-ce? Quelle violence est-ce là? Et que

voulez-vous faire à madame? Allons, que l'on sorte de là, si vous ne voulez que je vous mette en prison.

PREMIER SUISSE.

Parti, pon, toi ne l'afoir point.

SECOND SUISSE.

Parti, pon aussi, toi ne l'afoir point encore.

SCÈNE V.

M. DE POURCEAUGNAC, UN EXEMPT.

M. DE POURCEAUGNAC.

Je vous suis obligée, monsieur, de m'avoir délivrée de ces insolents.

L'EXEMPT.

Ouais! voilà un visage qui ressemble bien à celui que l'on m'a dépeint.

M. DE POURCEAUGNAC.

Ce n'est pas moi, je vous assure.

L'EXEMPT.

Ah! ah! qu'est-ce que veut dire...?

M. DE POURCEAUGNAC.

Je ne sais pas.

L'EXEMPT.

Pourquoi donc dites-vous cela?

M. DE POURCEAUGNAC.

Pour rien.

L'EXEMPT.

Voilà un discours qui marque quelque chose; et je vous arrête prisonnier.

M. DE POURCEAUGNAC.

Hé ! monsieur, de grace !

L'EXEMPT.

Non, non ; à votre mine et à vos discours, il faut que vous soyez ce monsieur de Pourceaugnac que nous cherchions, qui se soit déguisé de la sorte ; et vous viendrez en prison tout à l'heure.

M. DE POURCEAUGNAC.

Hélas !

SCÈNE VI.

M. DE POURCEAUGNAC, SBRIGANI, UN EXEMPT, DEUX ARCHERS.

SBRIGANI, à M. de Pourceaugnac.

Au ciel ! que veut dire cela ?

M. DE POURCEAUGNAC.

Ils m'ont reconnu.

L'EXEMPT.

Oui, oui ; c'est de quoi je suis ravi.

SBRIGANI, à l'exempt.

Hé ! monsieur, pour l'amour de moi, vous savez que nous sommes amis depuis long-temps, je vous conjure de ne le point mener en prison.

L'EXEMPT.

Non, il m'est impossible.

SBRIGANI.

Vous êtes homme d'accommodement. N'y a-t-il pas moyen d'ajuster cela avec quelques pistoles ?

L'EXEMPT, à ses archers.

Retirez-vous un peu.

SCÈNE VII.

M. DE POURCEAUGNAC, SBRIGANI, UN EXEMPT.

SBRIGANI, *à M. de Pourceaugnac.*

Il faut lui donner de l'argent pour vous laisser aller. Faites vite.

M. DE POURCEAUGNAC, *donnant de l'argent à Sbrigani.*

Ah! maudite ville!

SBRIGANI.

Tenez, monsieur.

L'EXEMPT.

Combien y a-t-il?

SBRIGANI.

Un, deux, trois, quatre, cinq, six, sept, huit, neuf, dix.

L'EXEMPT.

Non, mon ordre est trop exprès.

SBRIGANI, *à l'exempt qui veut s'en aller.*

Mon dieu! attendez. (*à M. de Pourceaugnac.*) Dépêchez, donnez-lui-en encore autant.

M. DE POURCEAUGNAC.

Mais...

SBRIGANI.

Dépêchez-vous, vous dis-je, et ne perdez point de temps. Vous auriez un grand plaisir quand vous seriez pendu!

M. DE POURCEAUGNAC.

Ah! (*Il donne encore de l'argent à Sbrigani.*)

SBRIGANI, *à l'exempt.*

Tenez, monsieur.

L'EXEMPT, *à Sbrigani.*

Il faut donc que je m'enfuie avec lui; car il n'y auroit point ici de sûreté pour moi. Laissez-le-moi conduire, et ne bougez d'ici.

SBRIGANI.

Je vous prie donc d'en avoir un grand soin.

L'EXEMPT.

Je vous promets de ne le point quitter que je ne l'aie mis en lieu de sûreté.

M. DE POURCEAUGNAC, *à Sbrigani.*

Adieu. Voilà le seul honnête homme que j'aie trouvé en cette ville.

SBRIGANI.

Ne perdez point de temps. Je vous aime tant, que je voudrois que vous fussiez déjà bien loin. (*seul.*) Que le ciel te conduise! Par ma foi, voilà une grande dupe. Mais voici...

SCÈNE VIII

ORONTE, SBRIGANI.

SBRIGANI, *feignant de ne point voir Oronte.*

Ah! quelle étrange aventure! Quelle fâcheuse nouvelle pour un père! Pauvre Oronte, que je te plains! Que diras-tu? et de quelle façon pourras-tu supporter cette douleur mortelle?

ORONTE.

Qu'est-ce ? Quel malheur me présages-tu ?

SBRIGANI.

Ah! monsieur, ce perfide Limosin, ce traître de monsieur de Pourceaugnac vous enlève votre fille!

ORONTE.

Il m'enlève ma fille ?

SBRIGANI.

Oui. Elle en est devenue si folle, qu'elle vous quitte pour le suivre; et l'on dit qu'il a un caractère pour se faire aimer de toutes les femmes.

ORONTE.

Allons vite à la justice. Des archers après eux.

SCÈNE IX.

ORONTE, ÉRASTE, JULIE, SBRIGANI.

ÉRASTE, à Julie.

ALLONS, vous viendrez malgré vous, et je veux vous remettre entre les mains de votre père. Tenez, monsieur, voilà votre fille que j'ai tirée de force d'entre les mains de l'homme avec qui elle s'enfuyoit : non pas pour l'amour d'elle, mais pour votre seule considération; car, après l'action qu'elle a faite, je dois la mépriser, et me guérir absolument de l'amour que j'avois pour elle.

ORONTE.

Ah! infâme que tu es!

ACTE III, SCÈNE IX.

ÉRASTE, *à Julie.*

Comment! me traiter de la sorte après toutes les marques d'amitié que je vous ai données! Je ne vous blâme point de vous être soumise aux volontés de monsieur votre père; il est sage et judicieux dans les choses qu'il fait; et je ne me plains point de lui de m'avoir rejeté pour un autre. S'il a manqué à la parole qu'il m'avoit donnée, il a ses raisons pour cela. On lui a fait croire que cet autre est plus riche que moi de quatre ou cinq mille écus; et quatre ou cinq mille écus est un denier considérable, et qui vaut bien la peine qu'un homme manque à sa parole. Mais oublier en un moment toute l'ardeur que je vous ai montrée, vous laisser d'abord enflammer d'amour pour un nouveau venu, et le suivre honteusement, sans le consentement de monsieur votre père, après les crimes qu'on lui impute, c'est une chose condamnée de tout le monde, et dont mon cœur ne peut vous faire d'assez sanglants reproches.

JULIE.

Hé bien! oui. J'ai conçu de l'amour pour lui, et je l'ai voulu suivre, puisque mon père me l'avoit choisi pour époux. Quoi que vous me disiez, c'est un fort honnête homme; et tous les crimes dont on l'accuse sont faussetés épouvantables.

ORONTE.

Taisez-vous, vous êtes une impertinente, et je sais mieux que vous ce qui en est.

JULIE.

Ce sont sans doute des pièces qu'on lui fait, et c'est peut-être lui (*montrant Éraste.*) qui a trouvé cet artifice pour vous en dégoûter.

ÉRASTE.

Moi! je serois capable de cela?

JULIE.

Oui, vous.

ORONTE.

Taisez-vous, vous dis-je; vous êtes une sotte.

ÉRASTE.

Non, non, ne vous imaginez pas que j'aie aucune envie de détourner ce mariage, et que ce soit ma passion qui m'ait forcé à courir après vous. Je vous l'ai déjà dit, ce n'est que la seule considération que j'ai pour monsieur votre père; et je n'ai pu souffrir qu'un honnête homme comme lui fût exposé à la honte de tous les bruits qui pourroient suivre une action comme la vôtre.

ORONTE.

Je vous suis, seigneur Éraste, infiniment obligé.

ÉRASTE.

Adieu, monsieur. J'avois toutes les ardeurs du monde d'entrer dans votre alliance, j'ai fait tout ce que j'ai pu pour obtenir un tel honneur; mais j'ai été malheureux, et vous ne m'avez pas jugé digne de cette grace. Cela n'empêchera pas que je ne conserve pour vous les sentiments d'estime et de vénération où votre personne m'oblige; et, si je n'ai pu être votre gendre, au moins serai-je éternellement votre serviteur.

ORONTE.

Arrêtez, seigneur Éraste; votre procédé me touche l'ame, et je vous donne ma fille en mariage.

JULIE.

Je ne veux point d'autre mari que monsieur de Pourceaugnac.

ORONTE.

Et je veux, moi, tout à l'heure, que tu prennes le seigneur Éraste. Çà, la main.

JULIE.

Non, je n'en ferai rien.

ORONTE.

Je te donnerai sur les oreilles.

ÉRASTE.

Non, non, monsieur; ne lui faites point de violence, je vous en prie.

ORONTE.

C'est à elle à m'obéir, et je sais me montrer le maître.

ÉRASTE.

Ne voyez-vous pas l'amour qu'elle a pour cet homme-là? et voulez-vous que je possède un corps dont un autre possèdera le cœur?

ORONTE.

C'est un sortilège qu'il lui a donné; et vous verrez qu'elle changera de sentiment avant qu'il soit peu. Donnez-moi votre main. Allons,

JULIE.

Je ne...

ORONTE.

Ah! que de bruit! Çà, votre main, vous dis-je. Ah! ah! ah!

ÉRASTE, *à Julie.*

Ne croyez pas que ce soit pour l'amour de vous que je vous donne la main; ce n'est que monsieur votre père dont je suis amoureux, et c'est lui que j'épouse.

ORONTE.

Je vous suis beaucoup obligé; et j'augmente de dix mille écus le mariage de ma fille. Allons, qu'on fasse venir le notaire pour dresser le contrat.

ÉRASTE.

En attendant qu'il vienne, vous pouvons jouir du divertissement de la saison, et faire entrer les masques que le bruit des noces de monsieur de Pourceaugnac a attirés ici de tous les endroits de la ville.

SCÈNE X.

TROUPE DE MASQUES DANSANTS ET CHANTANTS.

UN MASQUE, *en Égyptienne.*

Sortez, sortez de ces lieux,
Soucis, chagrins, et tristesse;
Venez, venez, ris et jeux,

ACTE III, SCÈNE X.

Plaisirs, amours et tendresse.
Ne songeons qu'à nous réjouir,
La grande affaire est le plaisir.

CHŒUR DE MASQUES CHANTANTS.

Ne songeons qu'à nous réjouir
La grande affaire est le plaisir.

L'ÉGYPTIENNE.

A me suivre tous ici
Votre ardeur est non commune;
Et vous êtes en souci
De votre bonne fortune :
Soyez toujours amoureux,
C'est le moyen d'être heureux.

UN MASQUE, *en Égyptien.*

Aimons jusques au trépas ;
La raison nous y convie.
Hélas ! si l'on n'aimoit pas,
Que seroit-ce de la vie !
Ah ! perdons plutôt le jour
Que de perdre notre amour.

L'ÉGYPTIEN.

Les biens,

L'ÉGYPTIENNE.

La gloire,

L'ÉGYPTIEN.

Les grandeurs,

L'ÉGYPTIENNE.

Les sceptres, qui font tant d'envie,

L'ÉGYPTIEN.

Tout n'est rien, si l'amour n'y mêle ses ardeurs.

L'ÉGYPTIENNE.

Il n'est point, sans l'amour, de plaisirs dans la vie,

TOUS DEUX ENSEMBLE.
Soyons toujours amoureux,
C'est le moyen d'être heureux.
CHŒUR.
Sus, sus, chantons tous ensemble,
Dansons, sautons, jouons-nous.
UN MASQUE, *en Pantalon.*
Lorsque pour rire on s'assemble,
Les plus sages, ce me semble,
Sont ceux qui sont les plus fous.
TOUS ENSEMBLE.
Ne songeons qu'à nous réjouir,
La grande affaire est le plaisir.

PREMIÈRE ENTRÉE DE BALLET.

(Danse de sauvages.)

DEUXIÈME ENTRÉE DE BALLET.

(Danse de Biscayens.)

FIN DE M. DE POURCEAUGNAC.

LE BOURGEOIS GENTILHOMME,

COMÉDIE-BALLET EN CINQ ACTES,

Représentée à Chambôrd le 14 octobre; et à Paris dans le mois de novembre 1670.

PERSONNAGES DE LA COMÉDIE.

MONSIEUR JOURDAIN, bourgeois.
MADAME JOURDAIN.
LUCILE, fille de monsieur Jourdain
CLÉONTE, amant de Lucile.
DORIMÈNE, marquise.
DORANTE, comte, amant de Dorimène.
NICOLE, servante de monsieur Jourdain.
COVIELLE, valet de Cléonte.
UN MAITRE DE MUSIQUE.
UN ÉLÈVE DU MAITRE DE MUSIQUE.
UN MAITRE A DANSER.
UN MAITRE D'ARMES.
UN MAITRE DE PHILOSOPHIE.
UN MAITRE TAILLEUR.
UN GARÇON TAILLEUR.
DEUX LAQUAIS.

PERSONNAGES DU BALLET.

DANS LE PREMIER ACTE.

UNE MUSICIENNE.
DEUX MUSICIENS.
DANSEURS.

PERSONNAGES.

DANS LE SECOND ACTE.

GARÇONS TAILLEURS dansants

DANS LE TROISIÈME ACTE.

CUISINIERS dansants.

DANS LE QUATRIÈME ACTE.

CÉRÉMONIE TURQUE.

LE MUFTI.
TURCS ASSISTANTS DU MUFTI, chantants.
DERVIS chantants.
TURCS dansants.

DANS LE CINQUIÈME ACTE.

BALLET DES NATIONS.

UN DONNEUR DE LIVRES, dansant.
IMPORTUNS dansants.
TROUPE DE SPECTATEURS chantants.
PREMIER HOMME DU BEL AIR.
SECOND HOMME DU BEL AIR.
PREMIÈRE FEMME DU BEL AIR.
SECONDE FEMME DU BEL AIR.
PREMIER GASCON.
SECOND GASCON.
UN SUISSE.
UN VIEUX BOURGEOIS BABILLARD.

PERSONNAGES.

UNE VIEILLE BOURGEOISE BABILLARDE.
ESPAGNOLS chantants.
ESPAGNOLS dansants.
UNE ITALIENNE.
UN ITALIEN.
DEUX SCARAMOUCHES.
DEUX TRIVELINS.
ARLEQUIN.
DEUX POITEVINS chantants et dansants.
POITEVINS et POITEVINES dansants.

La scène est à Paris, dans la maison de M. Jourdain.

LE BOURGEOIS GENTILHOMME.

ACTE PREMIER.

SCÈNE I.

UN MAITRE DE MUSIQUE ; UN ÉLÈVE du maître de musique, composant sur une table qui est au milieu du théâtre ; UNE MUSICIENNE, DEUX MUSICIENS, UN MAITRE A DANSER, DANSEURS.

LE MAÎTRE DE MUSIQUE, *aux musiciens.*

Venez, entrez dans cette salle, et vous reposez là, en attendant qu'il vienne.

LE MAÎTRE A DANSER, *aux danseurs.*
Et vous aussi, de ce côté.

LE MAÎTRE DE MUSIQUE, *à son élève.*
Est-ce fait?

L'ÉLÈVE.
Oui.

LE MAÎTRE DE MUSIQUE.
Voyons... Voilà qui est bien.

LE MAÎTRE A DANSER.

Est-ce quelque chose de nouveau?

LE MAÎTRE DE MUSIQUE.

Oui. C'est un air pour une sérénade que je lui ai fait composer ici, en attendant que notre homme fût éveillé.

LE MAÎTRE A DANSER.

Peut-on voir ce que c'est?

LE MAÎTRE DE MUSIQUE.

Vous l'allez entendre avec le dialogue, quand il viendra. Il ne tardera guère.

LE MAÎTRE A DANSER.

Nos occupations, à vous et à moi, ne sont pas petites maintenant.

LE MAÎTRE DE MUSIQUE.

Il est vrai. Nous avons trouvé ici un homme comme il nous le faut à tous deux. Ce nous est une douce rente que ce monsieur Jourdain, avec les visions de noblesse et de galanterie qu'il est allé se mettre en tête; et votre danse et ma musique auroient à souhaiter que tout le monde lui ressemblât.

LE MAÎTRE A DANSER.

Non pas entièrement; et je voudrois, pour lui qu'il se connût mieux qu'il ne fait aux choses que nous lui donnons.

LE MAÎTRE DE MUSIQUE.

Il est vrai qu'il les connoît mal, mais il les paie bien; et c'est de quoi maintenant nos arts ont plus besoin que de toute autre chose.

LE MAÎTRE A DANSER.

Pour moi, je vous l'avoue, je me repais un peu de gloire. Les applaudissements me touchent; et je tiens que, dans tous les beaux arts, c'est un supplice assez fâcheux que de se produire à des sots, que d'essuyer sur des compositions la barbarie d'un stupide. Il y a plaisir, ne m'en parlez point, à travailler pour des personnes qui soient capables de sentir les délicatesses d'un art, qui sachent faire un doux accueil aux beautés d'un ouvrage, et, par de chatouillantes approbations, vous régaler de votre travail. Oui, la récompense la plus agréable qu'on puisse recevoir des choses que l'on fait, c'est de les voir connues, de les voir caressées d'un applaudissement qui vous honore. Il n'y a rien, à mon avis, qui nous paie mieux que cela de toutes nos fatigues; et ce sont des douceurs exquises que des louanges éclairées.

LE MAÎTRE DE MUSIQUE.

J'en demeure d'accord; et je les goûte comme vous. Il n'y a rien assurément qui chatouille davantage que les applaudissements que vous dites; mais cet encens ne fait pas vivre. Des louanges toutes pures ne mettent point un homme à son aise, il y faut mêler du solide; et la meilleure façon de louer, c'est de louer avec les mains. C'est un homme, à la vérité, dont les lumières sont petites, qui parle à tort et à travers de toutes choses, et n'applaudit qu'à contre-sens; mais son argent redresse les jugements de son esprit; il a du discernement dans sa bourse ; ses louanges sont monnoyées; et ce bourgeois ignorant nous vaut mieux, comme vous voyez, que le grand seigneur éclairé qui nous a introduits ici.

LE MAÎTRE A DANSER.

Il y a quelque chose de vrai dans ce que vous dites; mais je trouve que vous appuyez un peu trop sur l'argent; et l'intérêt est quelque chose de si bas, qu'il ne faut jamais qu'un honnête homme montre pour lui de l'attachement.

LE MAÎTRE DE MUSIQUE.

Vous recevez fort bien pourtant l'argent que notre homme vous donne.

LE MAÎTRE A DANSER.

Assurément; mais je n'en fais pas tout mon bonheur, et je voudrois qu'avec son bien il eût encore quelque bon goût des choses.

LE MAÎTRE DE MUSIQUE.

Je le voudrois aussi; et c'est à quoi nous travaillons tous deux autant que nous pouvons. Mais, en tout cas, il nous donne moyen de nous faire connoître dans le monde; et il paiera pour les autres ce que les autres loueront pour lui.

LE MAÎTRE A DANSER

Le voilà qui vient.

SCÈNE II.

M. JOURDAIN, *en robe de chambre et en bonnet de nuit;* LE MAITRE DE MUSIQUE, LE MAITRE A DANSER, L'ÉLÈVE *du maître de musique*, UNE MUSICIENNE, DEUX MUSICIENS, DANSEURS, DEUX LAQUAIS.

M. JOURDAIN.

Hé bien, messieurs, qu'est-ce? Me ferez-vous voir votre petite drôlerie?

LE MAÎTRE A DANSER.

Comment! quelle petite drôlerie?

M. JOURDAIN.

Hé! là... comment appelez-vous cela? votre prologue ou dialogue de chansons et de danse?

LE MAÎTRE A DANSER.

Ah! ah!

LE MAÎTRE DE MUSIQUE.

Vous nous y voyez préparés.

M. JOURDAIN.

Je vous ai fait un peu attendre; mais c'est que je me fais habiller aujourd'hui comme les gens de qualité, et mon tailleur m'a envoyé des bas de soie que j'ai pensé ne mettre jamais.

LE MAÎTRE DE MUSIQUE.

Nous ne sommes ici que pour attendre votre loisir.

M. JOURDAIN.

Je vous prie tous deux de ne vous point en aller

qu'on ne m'ait apporté mon habit, afin que vou me puissiez voir.

LE MAÎTRE A DANSER.

Tout ce qu'il vous plaira.

M. JOURDAIN.

Vous me verrez équipé comme il faut, depuis les pieds jusqu'à la tête.

LE MAÎTRE DE MUSIQUE.

Nous n'en doutons point.

M. JOURDAIN.

Je me suis fait faire cette indienne-ci.

LE MAÎTRE A DANSER.

Elle est fort belle.

M. JOURDAIN.

Mon tailleur m'a dit que les gens de qualité étoient comme cela le matin.

LE MAÎTRE DE MUSIQUE.

Cela vous sied à merveille.

M. JOURDAIN.

Laquais! holà, mes deux laquais!

PREMIER LAQUAIS.

Que voulez-vous, monsieur?

M. JOURDAIN.

Rien. C'est pour voir si vous m'entendez bien. (*au maître de musique et au maître à danser.*) Que dites-vous de mes livrées?

LE MAÎTRE A DANSER.

Elles sont magnifiques.

M. JOURDAIN, *entr'ouvrant sa robe, et faisant voir son haut-de-chausses étroit de velours rouge, et sa camisole de velours vert.*

Voici encore un petit déshabillé pour faire le matin mes exercices.

LE MAÎTRE DE MUSIQUE.

Il est galant.

M. JOURDAIN.

Laquais !

PREMIER LAQUAIS.

Monsieur.

M. JOURDAIN.

L'autre laquais.

SECOND LAQUAIS.

Monsieur.

M. JOURDAIN, *ôtant sa robe-de-chambre.*

Tenez ma robe. (*au maître de musique et au maître à danser.*) Me trouvez-vous bien comme cela ?

LE MAÎTRE A DANSER.

Fort bien. On ne peut pas mieux.

M. JOURDAIN.

Voyons un peu votre affaire.

LE MAÎTRE DE MUSIQUE.

Je voudrois bien auparavant vous faire entendre un air (*montrant son élève.*) qu'il vient de composer pour la sérénade que vous m'avez demandée. C'est un de mes écoliers qui a pour ces sortes de choses un talent admirable.

M. JOURDAIN.

Oui : mais il ne falloit pas faire faire cela par un

écolier; et vous n'étiez pas trop bon vous-même pour cette besogne-là.

LE MAÎTRE DE MUSIQUE.

Il ne faut pas, monsieur, que le nom d'écolier vous abuse. Ces sortes d'écoliers en savent autant que les plus grands maîtres; et l'air est aussi beau qu'il s'en puisse faire. Écoutez seulement.

M. JOURDAIN, *à ses laquais.*

Donnez-moi ma robe pour mieux entendre... Attendez, je crois que je serai mieux sans robe... Non, redonnez-la-moi; cela ira mieux.

LA MUSICIENNE.

Je languis nuit et jour, et mon mal est extrême
Depuis qu'à vos rigueurs vos beaux yeux m'ont soumis:
Si vous traitez ainsi, belle Iris, qui vous aime,
Hélas, que pourriez-vous faire à vos ennemis?

M. JOURDAIN.

Cette chanson me semble un peu lugubre; elle endort; et je voudrois que vous la puissiez un peu ragaillardir par-ci par-là.

LE MAÎTRE DE MUSIQUE.

Il faut, monsieur, que l'air soit accommodé aux paroles.

M. JOURDAIN.

On m'en apprit un tout-à-fait joli il y a quelque temps. Attendez... là... Comment est-ce qu'il dit?

LE MAÎTRE A DANSER.

Par ma foi, je ne sais.

ACTE I, SCÈNE II.

M. JOURDAIN.

Il y a du mouton dedans.

LE MAÎTRE A DANSER.

Du mouton ?

M. JOURDAIN.

Oui. Ah! (*Il chante.*)

>Je croyois Jeanneton
>Aussi douce que belle ;
>Je croyois Jeanneton
>Plus douce qu'un mouton.
>Hélas ! hélas ! elle est cent fois,
>Mille fois plus cruelle
>Que n'est le tigre aux bois.

N'est-il pas joli ?

LE MAÎTRE DE MUSIQUE.

Le plus joli du monde.

LE MAÎTRE A DANSER.

Et vous le chantez bien.

M. JOURDAIN.

C'est sans avoir appris la musique.

LE MAÎTRE DE MUSIQUE.

Vous devriez l'apprendre, monsieur, comme vous faites la danse. Ce sont deux arts qui ont une étroite liaison ensemble.

LE MAÎTRE A DANSER.

Et qui ouvrent l'esprit d'un homme aux belles choses.

M. JOURDAIN.

Est-ce que les gens de qualité apprennent aussi la musique ?

LE MAÎTRE DE MUSIQUE.

Oui, monsieur.

M. JOURDAIN.

Je l'apprendrai donc. Mais je ne sais quel temps je pourrai prendre; car, outre le maître d'armes qui me montre, j'ai arrêté encore un maître de philosophie, qui doit commencer ce matin.

LE MAÎTRE DE MUSIQUE.

La philosophie est quelque chose; mais la musique, monsieur, la musique...

LE MAÎTRE A DANSER.

La musique et la danse... La musique et la danse c'est là tout ce qu'il faut.

LE MAÎTRE DE MUSIQUE.

Il n'y a rien qui soit si utile dans un état que la musique.

LE MAÎTRE A DANSER.

Il n'y a rien qui soit si nécessaire aux hommes que la danse.

LE MAÎTRE DE MUSIQUE.

Sans la musique un état ne peut subsister

LE MAÎTRE A DANSER.

Sans la danse un homme ne sauroit rien faire.

LE MAÎTRE DE MUSIQUE.

Tous les désordres, toutes les guerres qu'on voit

dans le monde, n'arrivent que pour n'apprendre pas la musique.

LE MAÎTRE A DANSER.

Tous les malheurs des hommes, tous les revers funestes dont les histoires sont remplies, les bévues des politiques, les manquements des grands capitaines, tout cela n'est venu que faute de savoir danser.

M. JOURDAIN.

Comment cela?

LE MAÎTRE DE MUSIQUE.

La guerre ne vient-elle pas d'un manque d'union entre les hommes?

M. JOURDAIN.

Cela est vrai.

LE MAÎTRE DE MUSIQUE.

Et si tous les hommes apprenoient la musique, ne seroit-ce pas le moyen de s'accorder ensemble, et de voir dans le monde la paix universelle?

M. JOURDAIN.

Vous avez raison.

LE MAÎTRE A DANSER.

Lorsqu'un homme a commis un manquement dans sa conduite, soit aux affaires de sa famille, ou au gouvernement d'un état, ou au commandement d'une armée, ne dit-on pas toujours, Un tel a fait un mauvais pas dans une telle affaire?

M. JOURDAIN.

Oui, on dit cela.

LE MAÎTRE A DANSER.

Et faire un mauvais pas, peut-il procéder d'autre chose que de ne savoir pas danser ?

M. JOURDAIN.

Cela est vrai, et vous avez raison tous deux.

LE MAÎTRE A DANSER.

C'est pour vous faire voir l'excellence et l'utilité de la danse et de la musique.

M. JOURDAIN.

Je comprends cela à cette heure.

LE MAÎTRE DE MUSIQUE.

Voulez-vous voir nos deux affaires ?

M. JOURDAIN.

Oui.

LE MAÎTRE DE MUSIQUE.

Je vous l'ai déjà dit, c'est un petit essai que j'ai fait autrefois des diverses passions que peut exprimer la musique.

M. JOURDAIN.

Fort bien.

LE MAÎTRE DE MUSIQUE, *aux musiciens*.

Allons, avancez. (*à M. Jourdain.*) Il faut vous figurer qu'ils sont habillés en bergers.

M. JOURDAIN.

Pourquoi toujours des bergers ? On ne voit que cela par-tout

ACTE I, SCÈNE II.

LE MAÎTRE A DANSER.

Lorsqu'on a des personnes à faire parler en musique, il faut bien que, pour la vraisemblance, on donne dans la bergerie. Le chant a été de tout temps affecté aux bergers ; et il n'est guère naturel, en dialogue, que des princes ou des bourgeois chantent leurs passions.

M. JOURDAIN.

Passe, passe. Voyons.

DIALOGUE EN MUSIQUE.

UNE MUSICIENNE, DEUX MUSICIENS.

LA MUSICIENNE.

Un cœur, dans l'amoureux empire,
De mille soins est toujours agité :
On dit qu'avec plaisir on languit, on soupire ;
Mais, quoi qu'on puisse dire,
Il n'est rien de si doux que notre liberté.

PREMIER MUSICIEN.

Il n'est rien de si doux que les tendres ardeurs
Qui font vivre deux cœurs
Dans une même envie :
On ne peut être heureux sans amoureux désirs ;

Otez l'amour de la vie,
Vous en ôtez les plaisirs.

SECOND MUSICIEN.

Il seroit doux d'entrer sous l'amoureuse loi,
Si l'on trouvoit en amour de la foi :
Mais, hélas! ô rigueurs cruelles!
On ne voit point de bergères fidèles;
Et ce sexe inconstant, trop indigne du jour,
Doit faire pour jamais renoncer à l'amour.

PREMIER MUSICIEN.

Aimable ardeur ?...

LA MUSICIENNE.

Franchise heureuse !...

SECOND MUSICIEN.

Sexe trompeur !...

PREMIER MUSICIEN.

Que tu m'es précieuse !

LA MUSICIENNE.

Que tu plais à mon cœur !

SECOND MUSICIEN.

Que tu me fais d'horreur !

PREMIER MUSICIEN.

Ah! quitte, pour aimer, cette haine mortelle.

LA MUSICIENNE.

On peut, on peut te montrer
Une bergère fidèle.

SECOND MUSICIEN.

Hélas! où la rencontrer ?

LA MUSICIENNE.

Pour défendre notre gloire,
Je te veux offrir mon cœur.

SECOND MUSICIEN.
Mais, bergère, puis-je croire
Qu'il ne sera point trompeur?

LA MUSICIENNE.
Voyons par expérience
Qui des deux aimera mieux.

SECOND MUSICIEN.
Qui manquera de constance,
Le puissent perdre les dieux!

TOUS TROIS ENSEMBLE.
A des ardeurs si belles
Laissons-nous enflammer :
Ah! qu'il est doux d'aimer
Quand deux cœurs sont fidèles!

M. JOURDAIN.
Est-ce tout?

LE MAÎTRE DE MUSIQUE.
Oui.

M. JOURDAIN.
Je trouve cela bien troussé; et il y a là-dedans de petits dictons assez jolis.

LE MAÎTRE A DANSER.
Voici, pour mon affaire, un petit essai des plus beaux mouvements et des plus belles attitudes dont une danse puisse être variée.

M. JOURDAIN.
Sont-ce encore des bergers?

LE MAÎTRE A DANSER.
C'est ce qu'il vous plaira. (*aux danseurs.*) Allons.

ENTRÉE DE BALLET.

(Quatre danseurs exécutent tous les mouvements différents et toutes les sortes de pas que le maître à danser leur commande.)

FIN DU PREMIER ACTE.

ACTE SECOND.

SCÈNE I.
M. JOURDAIN, LE MAITRE DE MUSIQUE, LE MAITRE A DANSER.

M. JOURDAIN.

Voilà qui n'est point sot, et ces gens-là se trémoussent bien.

LE MAÎTRE DE MUSIQUE.

Lorsque la danse sera mêlée avec la musique, cela fera plus d'effet encore; et vous verrez quelque chose de galant dans le petit ballet que nous avons ajusté pour vous.

M. JOURDAIN.

C'est pour tantôt au moins; et la personne pour qui j'ai fait faire tout cela me doit faire l'honneur de venir dîner céans.

LE MAÎTRE A DANSER.

Tout est prêt.

LE MAÎTRE DE MUSIQUE.

Au reste, monsieur, ce n'est pas assez; il faut qu'une personne comme vous, qui êtes magnifique, et qui avez de l'inclination pour les belles choses, ait un concert de musique chez soi tous les mercredis, ou tous les jeudis.

M. JOURDAIN.

Est-ce que les gens de qualité en ont?

LE MAÎTRE DE MUSIQUE.
Oui, monsieur.

M. JOURDAIN.
J'en aurai donc. Cela sera-t-il beau?

LE MAÎTRE DE MUSIQUE.
Sans doute. Il vous faudra trois voix, un dessus, une haute-contre, et une basse, qui seront accompagnées d'une basse de viole, d'un théorbe, et d'un clavecin pour les basses continues, avec deux dessus de violon pour jouer les ritournelles.

M. JOURDAIN.
Il y faudra mettre aussi une trompette marine. La trompette marine est un instrument qui me plait, et qui est harmonieux.

LE MAÎTRE DE MUSIQUE.
Laissez-nous gouverner les choses.

M. JOURDAIN.
Au moins, n'oubliez pas tantôt de m'envoyer des musiciens pour chanter à table.

LE MAÎTRE DE MUSIQUE.
Vous aurez tout ce qu'il vous faut.

M. JOURDAIN.
Mais sur-tout que le ballet soit beau.

LE MAÎTRE A DANSER.
Vous en serez content, et, entre autres choses, de certains menuets que vous y verrez.

M. JOURDAIN.
Ah! les menuets sont ma danse, et je veux que vous me le voyiez danser. Allons, mon maître.

ACTE II, SCÈNE I.

LE MAÎTRE A DANSER.

Un chapeau, monsieur, s'il vous plaît.

(M. Jourdain va prendre le chapeau de son laquais, et le met par-dessus son bonnet de nuit. Son maître lui prend les mains, et le fait danser sur un air de menuet qu'il chante.)

La, la, la, la, la, la,
La, la, la, la, la, la, la,
La, la, la, la, la, la,
La, la, la, la, la, la,
La, la, la, la, la. En
cadence, s'il vous plaît. La,
La, la, la, la. La jambe
droite. La, la, la,
Ne remuez point tant les épaules.
La, la, la, la, la, la, la, la, la, la.
Vos deux bras sont estropiés.
La, la, la, la, la. Haussez la tête.
Tournez la pointe du pied en dehors.
La, la, la. Dressez votre corps.

M. JOURDAIN.

Hé!

LE MAÎTRE DE MUSIQUE.

Voilà qui est le mieux du monde.

M. JOURDAIN.

A propos, apprenez-moi comme il faut faire une révérence pour saluer une marquise; j'en aurai besoin tantôt.

LE MAÎTRE A DANSER.

Une révérence pour saluer une marquise?

M. JOURDAIN.

Oui, une marquise qui s'appelle Dorimène.

LE MAÎTRE A DANSER.

Donnez-moi la main.

M. JOURDAIN.

Non; vous n'avez qu'à faire, je le retiendrai bien.

LE MAÎTRE A DANSER.

Si vous voulez la saluer avec beaucoup de respect, il faut faire d'abord une révérence en arrière, puis marcher vers elle avec trois révérences en avant, et à la dernière vous baisser jusqu'à ses genoux.

M. JOURDAIN.

Faites un peu. (*après que le maître à danser a fait trois révérences.*) Bon.

SCÈNE II.

M. JOURDAIN, LE MAITRE DE MUSIQUE, LE MAITRE A DANSER, UN LAQUAIS.

LE LAQUAIS.

Monsieur, voilà votre maître d'armes qui est là.

M. JOURDAIN.

Dis-lui qu'il entre ici pour me donner leçon. (*au maître de musique et au maître à danser.*) Je veux que vous me voyiez faire.

SCÈNE III.

M. JOURDAIN, UN MAITRE D'ARMES, LE MAITRE DE MUSIQUE, LE MAITRE A DANSER; UN LAQUAIS, *tenant deux fleurets.*

LE MAÎTRE D'ARMES, *après avoir pris les deux fleurets de la main du laquais, et en avoir présenté un à M. Jourdain.*

Allons, monsieur, la révérence. Votre corps droit; un peu penché sur la cuisse gauche. Les jambes point tant écartées. Vos pieds sur une même ligne. Votre poignet à l'opposite de votre hanche. La pointe de votre épée vis-à-vis de votre épaule. Le bras pas tout-à-fait si étendu. La main gauche à la hauteur de l'œil. L'épaule gauche plus carrée. La tête droite. Le regard assuré. Avancez. Le corps ferme. Touchez-moi l'épée de quarte, et achevez de même. Une, deux. Remettez-vous. Redoublez de pied ferme. Une, deux. Un saut en arrière. Quand vous portez la botte, monsieur, il faut que l'épée parte la première, et que le corps soit bien effacé. Une, deux. Allons, touchez-moi l'épée de tierce, et achevez de même. Avancez. Le corps ferme. Avancez. Partez de là. Une, deux. Remettez-vous. Redoublez. Une, deux. Un saut en arrière. En garde, monsieur, en garde
(Le maître d'armes lui pousse deux ou trois bottes, en lui disant, En garde.)

M. JOURDAIN.

Hé!

LE MAÎTRE DE MUSIQUE.

Vous faites des merveilles.

LE MAÎTRE D'ARMES.

Je vous l'ai déjà dit, tout le secret des armes ne consiste qu'en deux choses; à donner, et à ne point recevoir: et, comme je vous fis voir l'autre jour par raison démonstrative, il est impossible que vous receviez, si vous savez détourner l'épée de votre ennemi de la ligne de votre corps; ce qui ne dépend seulement que d'un petit mouvement du poignet, ou en dedans, ou en dehors.

M. JOURDAIN.

De cette façon donc un homme, sans avoir du cœur, est sûr de tuer son homme, et de n'être point tué?

LE MAÎTRE D'ARMES.

Sans doute. N'en vîtes-vous pas la démonstration?

M. JOURDAIN.

Oui.

LE MAÎTRE D'ARMES.

Et c'est en quoi l'on voit de quelle considération nous autres nous devons être dans un état, et combien la science des armes l'emporte hautement sur toutes les autres sciences inutiles, comme la danse, la musique, la...

LE MAÎTRE A DANSER.

Tout beau! monsieur le tireur d'armes, ne parlez de la danse qu'avec respect.

LE MAÎTRE DE MUSIQUE.

Apprenez, je vous prie, à mieux traiter l'excellence de la musique.

LE MAÎTRE D'ARMES.

Vous êtes de plaisantes gens de vouloir comparer vos sciences à la mienne!

LE MAÎTRE DE MUSIQUE.

Voyez un peu l'homme d'importance!

LE MAÎTRE A DANSER.

Voilà un plaisant animal avec son plastron!

LE MAÎTRE D'ARMES.

Mon petit maître à danser, je vous ferois danser comme il faut. Et vous, mon petit musicien, je vous ferois chanter de la belle manière.

LE MAÎTRE A DANSER.

Monsieur le batteur de fer, je vous apprendrai votre métier.

M. JOURDAIN, *au maître à danser.*

Êtes-vous fou de l'aller quereller, lui qui entend la tierce et la quarte, et qui sait tuer un homme par raison démonstrative?

LE MAÎTRE A DANSER.

Je me moque de sa raison démonstrative, et de sa tierce et de sa quarte.

M. JOURDAIN, *au maître à danser.*

Tout doux, vous dis-je.

LE MAÎTRE D'ARMES, *au maître à danser.*

Comment, petit impertinent!

M. JOURDAIN.

Hé! mon maître d'armes!

LE MAÎTRE A DANSER, *au maître d'armes*
Comment, grand cheval de carrosse!

M. JOURDAIN.
Hé! mon maître à danser!

LE MAÎTRE D'ARMES.
Si je me jette sur vous...

M. JOURDAIN, *au maître d'armes.*
Doucement!

LE MAÎTRE A DANSER.
Si je mets sur vous la main...

M. JOURDAIN, *au maître à danser.*
Tout beau!

LE MAÎTRE D'ARMES.
Je vous étrillerai d'un air...

M. JOURDAIN, *au maître d'armes.*
De grace!

LE MAÎTRE A DANSER.
Je vous rosserai d'une manière...

M. JOURDAIN, *au maître à danser.*
Je vous prie.

LE MAÎTRE DE MUSIQUE.
Laissez-nous un peu lui apprendre à parler.

M. JOURDAIN, *au maître de musique.*
Mon dieu! arrêtez-vous.

SCÈNE IV.

UN MAITRE DE PHILOSOPHIE, M. JOURDAIN, LE MAITRE DE MUSIQUE, LE MAITRE A DANSER, LE MAITRE D'ARMES, UN LAQUAIS.

M. JOURDAIN.

Holà, monsieur le philosophe, vous arrivez tout à propos avec votre philosophie. Venez un peu mettre la paix entre ces personnes-ci.

LE MAÎTRE DE PHILOSOPHIE.

Qu'est-ce donc? Qu'y a-t-il, messieurs?

M. JOURDAIN.

Ils se sont mis en colère pour la préférence de leurs professions, jusqu'à se dire des injures et en vouloir venir aux mains.

LE MAÎTRE DE PHILOSOPHIE.

Hé quoi! messieurs, faut-il s'emporter de la sorte? Et n'avez-vous point lu le docte traité que Sénèque a composé de la colère? Y a-t-il rien de plus bas et de plus honteux que cette passion, qui fait d'un homme une bête féroce? et la raison ne doit-elle pas être maîtresse de tous nos mouvements?

LE MAÎTRE A DANSER.

Comment, monsieur! il vient nous dire des injures à tous deux, en méprisant la danse, que j'exerce, et la musique, dont il fait profession!

LE MAÎTRE DE PHILOSOPHIE.

Un homme sage est au-dessus de toutes les injures qu'on lui peut dire; et la grande réponse qu'on doit faire aux outrages, c'est la modération et la patience.

LE MAÎTRE D'ARMES.

Ils ont tous deux l'audace de vouloir comparer leurs professions à la mienne!

LE MAÎTRE DE PHILOSOPHIE.

Faut-il que cela vous émeuve? Ce n'est pas de vaine gloire et de condition que les hommes doivent disputer entre eux; et ce qui nous distingue parfaitement les uns des autres, c'est la sagesse et la vertu.

LE MAÎTRE A DANSER.

Je lui soutiens que la danse est une science à laquelle on ne peut faire assez d'honneur.

LE MAÎTRE DE MUSIQUE.

Et moi, que la musique en est une que tous les siècles ont révérée.

LE MAÎTRE D'ARMES.

Et moi, je leur soutiens à tous deux que la science de tirer des armes est la plus belle et la plus nécessaire de toutes les sciences.

LE MAÎTRE DE PHILOSOPHIE.

Et que sera donc la philosophie? Je vous trouve tous trois bien impertinents de parler devant moi avec cette arrogance, et de donner impudemment le nom de science à des choses que l'on ne doit pas même honorer du nom d'art, et qui ne peuvent être comprises que sous le nom de métier misérable de gladiateur, de chanteur, et de baladin.

ACTE II, SCÈNE IV.

LE MAÎTRE D'ARMES.

Allez, philosophe de chien!

LE MAÎTRE DE MUSIQUE.

Allez, belître de pédant!

LE MAÎTRE A DANSER.

Allez, cuistre fieffé!

LE MAÎTRE DE PHILOSOPHIE.

Comment, marauds que vous êtes!... (*Le philosophe se jette sur eux, et tous trois le chargent de coups.*)

M. JOURDAIN.

Monsieur le philosophe!

LE MAÎTRE DE PHILOSOPHIE.

Infâmes! coquins! insolents!

M. JOURDAIN.

Monsieur le philosophe!

LE MAÎTRE D'ARMES.

La peste de l'animal!

M. JOURDAIN.

Messieurs!

LE MAÎTRE DE PHILOSOPHIE.

Impudents!

M. JOURDAIN.

Monsieur le philosophe!

LE MAÎTRE A DANSER.

Diantre soit de l'âne bâté!

M. JOURDAIN.

Messieurs!

LE MAÎTRE DE PHILOSOPHIE.

Scélérats!

M. JOURDAIN.

Monsieur le philosophe!

LE MAÎTRE DE MUSIQUE.

Au diable l'impertinent!

M. JOURDAIN.

Messieurs!

LE MAÎTRE DE PHILOSOPHIE.

Fripons! gueux! traîtres! imposteurs!

M. JOURDAIN.

Monsieur le philosophe! Messieurs! Monsieur le philosophe! Messieurs! Monsieur le philosophe! (Ils sortent en se battant.)

SCÈNE V.

M. JOURDAIN, UN LAQUAIS.

M. JOURDAIN.

Oh! battez-vous tant qu'il vous plaira, je n'y saurois que faire, et je n'irai pas gâter ma robe pour vous séparer. Je serois bien fou de m'aller fourrer parmi eux, pour recevoir quelque coup qui me feroit mal.

SCÈNE VI.

LE MAITRE DE PHILOSOPHIE, M. JOURDAIN, UN LAQUAIS.

LE MAÎTRE DE PHILOSOPHIE, *raccommodant son collet.*

Venons à notre leçon.

M. JOURDAIN.

Ah! monsieur, je suis fâché des coups qu'ils vous ont donnés.

LE MAÎTRE DE PHILOSOPHIE.

Cela n'est rien. Un philosophe sait recevoir comme il faut les choses; et je vais composer contre eux une satire du style de Juvénal, qui les déchirera de la belle façon. Laissons cela. Que voulez-vous apprendre?

M. JOURDAIN.

Tout ce que je pourrai; car j'ai toutes les envies du monde d'être savant; et j'enrage que mon père et ma mère ne m'aient pas fait bien étudier dans toutes les sciences quand j'étois jeune.

LE MAÎTRE DE PHILOSOPHIE.

Ce sentiment est raisonnable; *nam, sine doctrina, vita est quasi mortis imago.* Vous entendez cela, et vous savez le latin, sans doute?

M. JOURDAIN.

Oui; mais faites comme si je ne le savois pas: expliquez-moi ce que cela veut dire.

LE MAÎTRE DE PHILOSOPHIE.

Cela veut dire que, *sans la science, la vie est presque une image de la mort.*

M. JOURDAIN.

Ce latin-là a raison.

LE MAÎTRE DE PHILOSOPHIE.

N'avez-vous point quelques principes, quelques commencements des sciences?

M. JOURDAIN.

Oh! oui. Je sais lire et écrire.

LE MAÎTRE DE PHILOSOPHIE.

Par où vous plaît-il que nous commencions? Voulez-vous que je vous apprenne la logique?

M. JOURDAIN.

Qu'est-ce que c'est que cette logique?

LE MAÎTRE DE PHILOSOPHIE.

C'est elle qui enseigne les trois opérations de l'esprit.

M. JOURDAIN.

Qui sont-elles ces trois opérations de l'esprit?

LE MAÎTRE DE PHILOSOPHIE.

La première, la seconde, et la troisième. La première est de bien concevoir, par le moyen des universaux; la seconde, de bien juger, par le moyen des catégories; et la troisième, de bien tirer une conséquence, par le moyen des figures, *Barbara, celarent, Darii, ferio, baralipton*, etc.

M. JOURDAIN.

Voilà des mots qui sont trop rébarbatifs. Cette logique-là ne me revient point. Apprenons **autre** chose qui soit plus joli.

LE MAÎTRE DE PHILOSOPHIE.

Voulez-vous apprendre la morale?

M. JOURDAIN.

La morale?

LE MAÎTRE DE PHILOSOPHIE.

Oui.

M. JOURDAIN.

Qu'est-ce qu'elle dit, cette morale ?

LE MAÎTRE DE PHILOSOPHIE.

Elle traite de la félicité, enseigne aux hommes à modérer leurs passions, et...

M. JOURDAIN.

Non, laissons cela : je suis bilieux comme tous les diables, et il n'y a morale qui tienne ; je me veux mettre en colère tout mon soûl, quand il m'en prend envie.

LE MAÎTRE DE PHILOSOPHIE.

Est-ce la physique que vous voulez apprendre?

M. JOURDAIN.

Qu'est-ce qu'elle chante, cette physique?

LE MAÎTRE DE PHILOSOPHIE.

La physique est celle qui explique les principes des choses naturelles, et les propriétés du corps ; qui discourt de la nature des éléments, des métaux, des minéraux, des pierres, des plantes, et des animaux ; et nous enseigne les causes de tous les météores, l'arc-en-ciel, les feux volants, les comètes, les éclairs, le tonnerre, la foudre, la pluie, la neige, la grêle, les vents et les tourbillons.

M. JOURDAIN.

Il y a trop de tintamarre là-dedans, trop de brouillamini.

LE MAÎTRE DE PHILOSOPHIE.

Que voulez-vous donc que je vous apprenne?

M. JOURDAIN.

Apprenez-moi l'orthographe.

LE MAÎTRE DE PHILOSOPHIE.

Très volontiers.

M. JOURDAIN.

Après, vous m'apprendrez l'almanach, pour savoir quand il y a de la lune, et quand il n'y en a point.

LE MAÎTRE DE PHILOSOPHIE.

Soit. Pour bien suivre votre pensée, et traiter cette matière en philosophe, il faut commencer, selon l'ordre des choses, par une exacte connoissance de la nature des lettres, et de la différente manière de les prononcer toutes. Et là-dessus j'ai à vous dire que les lettres sont divisées en voyelles, ainsi dites voyelles, parcequ'elles expriment les voix; et en consonnes, ainsi appelées consonnes, parcequ'elles sonnent avec les voyelles, et ne font que marquer les diverses articulations des voix. Il y a cinq voyelles, ou voix, A, E, I, O, U.

M. JOURDAIN.

J'entends tout cela.

LE MAÎTRE DE PHILOSOPHIE.

La voix A se forme en ouvrant fort la bouche, A.

M. JOURDAIN.

A, A. Oui.

LE MAÎTRE DE PHILOSOPHIE.

La voix E se forme en rapprochant la mâchoire d'en-bas de celle d'en-haut, A, E.

M. JOURDAIN.

A, E; A, E. Ma foi, oui. Ah! que cela est beau!

LE MAÎTRE DE PHILOSOPHIE.

Et la voix I, en rapprochant encore davantage les mâchoires l'une de l'autre, et écartant les deux coins de la bouche vers les oreilles, A, E, I.

M. JOURDAIN.

A, E, I, I, I, I. Cela est vrai. Vive la science!

LE MAÎTRE DE PHILOSOPHIE.

La voix O se forme en rouvrant les mâchoires et rapprochant les lèvres par les deux coins, le haut et le bas, O.

M. JOURDAIN.

O, O. Il n'y a rien de plus juste. A, E, I; O; I, O. Cela est admirable! I, O; I, O.

LE MAÎTRE DE PHILOSOPHIE.

L'ouverture de la bouche fait justement comme un petit rond qui représente un O.

M. JOURDAIN.

O, O, O. Vous avez raison. O. Ah! la belle chose que de savoir quelque chose!

LE MAÎTRE DE PHILOSOPHIE.

La voix U se forme en rapprochant les dents sans les joindre entièrement, et alongeant les deux lèvres en dehors, les approchant aussi l'une de l'autre sans les joindre tout-à-fait, U.

M. JOURDAIN.

U, U. Il n'y a rien de plus véritable. U.

LE MAÎTRE DE PHILOSOPHIE.

Vos deux lèvres s'alongent comme si vous faisiez

la moue; d'où vient que, si vous la voulez faire à quelqu'un, et vous moquer de lui, vous ne sauriez lui dire que U.

M. JOURDAIN.

U, U. Cela est vrai. Ah! que n'ai-je étudié plus tôt pour savoir tout cela!

LE MAÎTRE DE PHILOSOPHIE.

Demain nous verrons les autres lettres, qui sont les consonnes.

M. JOURDAIN.

Est-ce qu'il y a des choses aussi curieuses qu'à celles-ci?

LE MAÎTRE DE PHILOSOPHIE.

Sans doute. La consonne D, par exemple, se prononce en donnant du bout de la langue au-dessus des dents d'en-haut, DA.

M. JOURDAIN.

DA, DA. Oui. Ah! les belles choses! les belles choses!

LE MAÎTRE DE PHILOSOPHIE.

L'F, en appuyant les dents d'en-haut sur la lèvre de dessous, FA.

M. JOURDAIN.

FA, FA. C'est la vérité. Ah! mon père et ma mère, que je vous veux de mal!

LE MAÎTRE DE PHILOSOPHIE.

Et l'R, en portant le bout de la langue jusqu'au haut du palais; de sorte qu'étant frôlée par l'air qui sort avec force, elle lui cède, et revient toujours au même endroit, faisant une manière de tremblement, R, RA.

M. JOURDAIN.

R, R, RA; R, R, R, R, R, RA. Cela est vrai. Ah! l'habile homme que vous êtes! et que j'ai perdu de temps! R, R, R, RA.

LE MAÎTRE DE PHILOSOPHIE.

Je vous expliquerai à fond toutes ces curiosités.

M. JOURDAIN.

Je vous en prie. Au reste, il faut que je vous fasse une confidence. Je suis amoureux d'une personne de grande qualité, et je souhaiterois que vous m'aidassiez à lui écrire quelque chose dans un petit billet que je veux laisser tomber à ses pieds.

LE MAÎTRE DE PHILOSOPHIE.

Fort bien.

M. JOURDAIN.

Cela sera galant, oui.

LE MAÎTRE DE PHILOSOPHIE.

Sans doute. Sont-ce des vers que vous lui voulez écrire?

M. JOURDAIN.

Non, non, point de vers.

LE MAÎTRE DE PHILOSOPHIE.

Vous ne voulez que de la prose.

M. JOURDAIN.

Non, je ne veux ni prose ni vers.

LE MAÎTRE DE PHILOSOPHIE.

Il faut bien que ce soit l'un ou l'autre.

LE BOURGEOIS GENTILHOMME.

M. JOURDAIN.

Pourquoi ?

LE MAÎTRE DE PHILOSOPHIE.

Par la raison, monsieur, qu'il n'y a pour s'exprimer que la prose ou les vers.

M. JOURDAIN.

Il n'y a que la prose ou les vers ?

LE MAÎTRE DE PHILOSOPHIE.

Non, monsieur. Tout ce qui n'est point prose est vers ; et tout ce qui n'est point vers est prose.

M. JOURDAIN.

Et comme l'on parle, qu'est-ce que c'est donc que cela ?

LE MAÎTRE DE PHILOSOPHIE.

De la prose.

M. JOURDAIN.

Quoi ! quand je dis, Nicole, apportez-moi mes pantoufles, et me donnez mon bonnet de nuit, c'est de la prose ?

LE MAÎTRE DE PHILOSOPHIE.

Oui, monsieur.

M. JOURDAIN.

Par ma foi, il y a plus de quarante ans que je dis de la prose sans que j'en susse rien ; et je vous suis le plus obligé du monde de m'avoir appris cela. Je voudrois donc lui mettre dans un billet, *Belle marquise, vos beaux yeux me font mourir d'amour ;* mais je voudrois que cela fût mis d'une manière galante, que cela fût tourné gentiment.

LE MAÎTRE DE PHILOSOPHIE.

Mettre que les feux de ses yeux réduisent vôtre cœur en cendres; que vous souffrez nuit et jour pour elle les violences d'un...

M. JOURDAIN.

Non, non, non; je ne veux point tout cela. Je ne veux que ce que je vous ai dit : *Belle marquise, vos beaux yeux me font mourir d'amour.*

LE MAÎTRE DE PHILOSOPHIE.

Il faut bien étendre un peu la chose.

M. JOURDAIN.

Non, vous dis-je; je ne veux que ces seules paroles-là dans le billet, mais tournées à la mode, bien arrangées comme il faut. Je vous prie de me dire un peu, pour voir, les diverses manières dont on les peut mettre.

LE MAÎTRE DE PHILOSOPHIE.

On peut les mettre premièrement comme vous avez dit : *Belle marquise, vos beaux yeux me font mourir d'amour.* Ou bien : *D'amour mourir me font, belle marquise, vos beaux yeux.* Ou bien : *Vos yeux beaux d'amour me font, belle marquise, mourir.* Ou bien : *Mourir vos beaux yeux, belle marquise, d'amour me font.* Ou bien : *Me font vos yeux beaux mourir, belle marquise, d'amour.*

M. JOURDAIN.

Mais de toutes ces façons-là laquelle est la meilleure ?

LE MAÎTRE DE PHILOSOPHIE.

Celle que vous avez dite : *Belle marquise, vos beaux yeux me font mourir d'amour.*

M. JOURDAIN.

Cependant je n'ai point étudié, et j'ai fait cela tout du premier coup. Je vous remercie de tout mon cœur, et je vous prie de venir demain de bonne heure.

LE MAÎTRE DE PHILOSOPHIE.

Je n'y manquerai pas.

SCÈNE VII.

M. JOURDAIN, UN LAQUAIS.

M. JOURDAIN, *à son laquais.*

Comment! mon habit n'est pas encore arrivé?

LE LAQUAIS.

Non, monsieur.

M. JOURDAIN.

Ce maudit tailleur me fait bien attendre pour un jour où j'ai tant d'affaires. J'enrage. Que la fièvre quartaine puisse serrer bien fort le bourreau de tailleur! Au diable le tailleur! La peste étouffe le tailleur! Si je le tenois maintenant, ce tailleur détestable, ce chien de tailleur-là, ce traître de tailleur, je...

SCÈNE VIII.

M. JOURDAIN, UN MAITRE TAILLEUR; UN GARÇON TAILLEUR, *portant l'habit de M. Jourdain;* UN LAQUAIS.

M. JOURDAIN.

Ah! vous voilà! Je m'allois mettre en colère contre vous.

LE MAÎTRE TAILLEUR.

Je n'ai pas pu venir plus tôt, et j'ai mis vingt garçons après votre habit.

M. JOURDAIN.

Vous m'avez envoyé des bas de soie si étroits, que j'ai eu toutes les peines du monde à les mettre, et il y a déjà deux mailles de rompues.

LE MAÎTRE TAILLEUR.

Ils ne s'élargiront que trop.

M. JOURDAIN.

Oui, si je romps toujours des mailles. Vous m'avez aussi fait faire des souliers qui me blessent furieusement.

LE MAÎTRE TAILLEUR.

Point du tout, monsieur.

M. JOURDAIN.

Comment, point du tout!

LE MAÎTRE TAILLEUR.

Non, ils ne vous blessent point.

M. JOURDAIN.

Je vous dis qu'ils me blessent, moi.

LE MAÎTRE TAILLEUR.

Vous vous imaginez cela.

M. JOURDAIN.

Je me l'imagine parceque je le sens. Voyez la belle raison!

LE MAÎTRE TAILLEUR.

Tenez, voilà le plus bel habit de la cour, et le mieux assorti. C'est un chef-d'œuvre que d'avoir inventé un habit sérieux qui ne fût pas noir; et je le donne en six coups aux tailleurs les plus éclairés.

M. JOURDAIN.

Qu'est-ce que c'est que ceci? vous avez mis les fleurs en en-bas.

LE MAÎTRE TAILLEUR.

Vous ne m'avez pas dit que vous les vouliez en en-haut.

M. JOURDAIN.

Est-ce qu'il faut dire cela?

LE MAÎTRE TAILLEUR.

Oui vraiment. Toutes les personnes de qualité les portent de la sorte.

M. JOURDAIN.

Les personnes de qualité portent les fleurs en en-bas?

LE MAÎTRE TAILLEUR.

Oui, monsieur

M. JOURDAIN.

Oh! voilà qui est donc bien

ACTE II, SCÈNE VIII. 143

LE MAÎTRE TAILLEUR.

Si vous voulez, je les mettrai en en-haut.

M. JOURDAIN.

Non, non.

LE MAÎTRE TAILLEUR.

Vous n'avez qu'à dire.

M. JOURDAIN.

Non, vous dis-je; vous avez bien fait. Croyez-vous que l'habit m'aille bien?

LE MAÎTRE TAILLEUR.

Belle demande! Je défie un peintre avec son pinceau de vous faire rien de plus juste. J'ai chez moi un garçon qui, pour monter une rhingrave, est le plus grand génie du monde; et un autre qui, pour assembler un pourpoint, est le héros de notre temps.

M. JOURDAIN.

La perruque et les plumes sont-elles comme il faut?

LE MAÎTRE TAILLEUR.

Tout est bien.

M. JOURDAIN, *regardant l'habit du tailleur.*

Ah! ah! monsieur le tailleur, voilà de mon étoffe du dernier habit que vous m'avez fait. Je la reconnois bien.

LE MAÎTRE TAILLEUR.

C'est que l'étoffe me sembla si belle, que j'en ai voulu lever un habit pour moi.

M. JOURDAIN.

Oui; mais il ne falloit pas le lever avec le mien

LE MAÎTRE TAILLEUR.

Voulez-vous mettre votre habit?

M. JOURDAIN.

Oui, donnez-le-moi.

LE MAÎTRE TAILLEUR.

Attendez; cela ne va pas comme cela : j'ai amené des gens pour vous habiller en cadence; et ces sortes d'habits se mettent avec cérémonie. Holà, entrez, vous autres.

SCÈNE IX.

M. JOURDAIN, LE MAÎTRE TAILLEUR, LE GARÇON TAILLEUR, GARÇONS TAILLEURS *dansants* ; UN LAQUAIS.

LE MAÎTRE TAILLEUR, *à ses garçons*.

METTEZ cet habit à monsieur de la manière que vous faites aux personnes de qualité.

PREMIÈRE ENTRÉE DE BALLET.

Les quatre garçons tailleurs, dansant, s'approchent de M. Jourdain. Deux lui arrachent le haut-de-chausses de ses exercices, les deux autres lui ôtent la camisole ; après quoi, toujours en cadence, ils lui mettent son habit neuf.)
(M. Jourdain se promène au milieu d'eux, et leur montre son habit pour voir s'il est bien fait.)

GARÇON TAILLEUR.

Mon gentilhomme, donnez, s'il vous plaît, aux garçons quelque chose pour boire.

M. JOURDAIN.

Comment m'appelez-vous?

GARÇON TAILLEUR.

Mon gentilhomme.

M. JOURDAIN.

Mon gentilhomme! Voilà ce que c'est que de se mettre en personne de qualité. Allez-vous-en demeurer toujours habillé en bourgeois, on ne vous dira point mon gentilhomme. *(donnant de l'argent.)* Tenez, voilà pour mon gentilhomme.

GARÇON TAILLEUR.

Monseigneur, nous vous sommes bien obligés.

M. JOURDAIN.

Monseigneur! Oh! oh! monseigneur! Attendez, mon ami, monseigneur mérite quelque chose; et ce n'est pas une petite parole que monseigneur. Tenez, voilà ce que monseigneur vous donne.

GARÇON TAILLEUR.

Monseigneur, nous allons boire tous à la santé de votre grandeur.

M. JOURDAIN.

Votre grandeur! Oh! oh! oh! Attendez; ne vous en allez pas. A moi, votre grandeur! *(bas, à part.)* Ma foi, s'il va jusqu'à l'altesse, il aura toute la bourse. *(haut.)* Tenez, voilà pour ma grandeur.

GARÇON TAILLEUR.

Monseigneur, nous la remercions très humblement de ses libéralités.

M. JOURDAIN.

Il a bien fait, je lui allois tout donner.

SCÈNE X.

DEUXIÈME ENTRÉE DE BALLET.

(Les quatre garçons tailleurs se réjouissent, en dansant, de la libéralité de M. Jourdain.)

FIN DU SECOND ACTE.

ACTE TROISIÈME.

SCÈNE I.

MONSIEUR JOURDAIN, DEUX LAQUAIS.

M. JOURDAIN.

Suivez-moi, que j'aille un peu montrer mon habit par la ville; et, sur-tout, ayez soin tous deux de marcher immédiatement sur mes pas, afin qu'on voie bien que vous êtes à moi.

LAQUAIS.

Oui, monsieur.

M. JOURDAIN.

Appelez-moi Nicole, que je lui donne quelques ordres. Ne bougez, la voilà.

SCÈNE II.

M. JOURDAIN, NICOLE, DEUX LAQUAIS.

M. JOURDAIN.

Nicole.

NICOLE.

Plaît-il!

M. JOURDAIN.

Écoutez.

NICOLE, *riant.*

Hi, hi, hi, hi, hi.

M. JOURDAIN.

Qu'as-tu à rire ?

NICOLE.

Hi, hi, hi, hi, hi, hi.

M. JOURDAIN.

Que veut dire cette coquine-là ?

NICOLE.

Hi, hi, hi. Comme vous voilà bâti ! Hi, hi, hi.

M. JOURDAIN.

Comment donc ?

NICOLE.

Ah ! ah ! mon dieu ! Hi, hi, hi, hi.

M. JOURDAIN.

Quelle friponne est-ce là ? Te moques-tu de moi ?

NICOLE.

Nenni, monsieur ; j'en serois bien fâchée. Hi, hi, hi, hi, hi, hi.

M. JOURDAIN.

Je te baillerai sur le nez, si tu ris davantage.

NICOLE.

Monsieur, je ne puis pas m'en empêcher. Hi, hi, hi, hi, hi.

M. JOURDAIN.

Tu ne t'arrêteras pas ?

NICOLE.

Monsieur, je vous demande pardon ; mais vous

êtes si plaisant, que je ne me saurois tenir de rire. Hi, hi, hi.

M. JOURDAIN.

Mais voyez quelle insolence!

NICOLE.

Vous êtes tout-à-fait drôle comme cela. Hi, hi.

M. JOURDAIN.

Je te...

NICOLE.

Je vous prie de m'excuser. Hi, hi, hi, hi.

M. JOURDAIN.

Tiens, si tu ris encore le moins du monde, je te jure que je t'appliquerai sur la joue le plus grand soufflet qui se soit jamais donné.

NICOLE.

Hé bien, monsieur, voilà qui est fait, je ne rirai plus.

M. JOURDAIN.

Prends-y bien garde. Il faut que, pour tantôt, tu nettoies...

NICOLE.

Hi, hi.

M. JOURDAIN.

Que tu nettoies comme il faut....

NICOLE.

Hi, hi.

M. JOURDAIN.

Il faut, dis-je, que tu nettoies la salle, et....

NICOLE.

Hi, hi.

M. JOURDAIN.

Encore?

NICOLE, *tombant à force de rire.*

Tenez, monsieur, battez-moi plutôt, et me laissez rire tout mon soûl ; cela me fera plus de bien. Hi, hi, hi, hi.

M. JOURDAIN.

J'enrage.

NICOLE.

De grace, monsieur, je vous prie de me laisser rire. Hi, hi, hi.

M. JOURDAIN.

Si je te prends...

NICOLE.

Monsieur, eur, je crèverai, ai, si je ne ris. Hi, hi, hi.

M. JOURDAIN.

Mais a-t-on jamais vu une pendarde comme celle-là, qui me vient rire insolemment au nez, au lieu de recevoir mes ordres?

NICOLE.

Que voulez-vous que je fasse, monsieur?

M. JOURDAIN.

Que tu songes, coquine, à préparer ma maison pour la compagnie qui doit venir tantôt.

NICOLE, *se relevant.*

Ah! par ma foi, je n'ai plus envie de rire ; et toutes vos compagnies font tant de désordre céans, que ce mot est assez pour me mettre en mauvaise humeur.

M. JOURDAIN.

Ne dois-je point, pour toi, fermer ma porte à tout le monde?

NICOLE.

Vous devriez au moins la fermer à certaines gens.

SCÈNE III.

MADAME JOURDAIN, M. JOURDAIN, NICOLE, DEUX LAQUAIS.

MADAME JOURDAIN.

Ah! ah! voici une nouvelle histoire! Qu'est-ce que c'est donc, mon mari, que cet équipage-là? Vous moquez-vous du monde, de vous être fait enharnacher de la sorte? et avez-vous envie qu'on se raille par-tout de vous?

M. JOURDAIN.

Il n'y a que des sots et des sottes, ma femme, qui se railleront de moi.

MADAME JOURDAIN.

Vraiment, on n'a pas attendu jusqu'à cette heure; et il y a long-temps que vos façons de faire donnent à rire à tout le monde.

M. JOURDAIN.

Qui est donc tout ce monde-là, s'il vous plaît?

MADAME JOURDAIN.

Tout ce monde-là est un monde qui a raison, et qui est plus sage que vous. Pour moi, je suis scandalisée de la vie que vous menez. Je ne sais plus ce que c'est que notre maison : on diroit qu'il est céans carême-prenant tous les jours ; et dès le matin, de peur d'y manquer, on y entend des vacarmes de violons et de chanteurs dont tout le voisinage se trouve incommodé.

NICOLE.

Madame parle bien. Je ne saurois plus voir mon ménage propre avec cet attirail de gens que vous faites venir chez vous. Ils ont des pieds qui vont chercher de la boue dans tous les quartiers de la ville pour l'apporter ici ; et la pauvre Françoise est presque sur les dents à frotter les planchers que vos biaux maîtres viennent crotter régulièrement tous les jours.

M. JOURDAIN.

Ouais ! notre servante Nicole, vous avez le caquet bien affilé pour une paysanne !

MADAME JOURDAIN.

Nicole a raison, et son sens est meilleur que le vôtre. Je voudrois bien savoir ce que vous pensez faire d'un maître à danser à l'âge que vous avez.

NICOLE.

Et d'un grand maître tireur d'armes qui vient, avec ses battements de pieds, ébranler toute la maison, et nous déraciner tous les cariaux de notre salle.

M. JOURDAIN.

Taisez-vous, ma servante, et ma femme,

ACTE III, SCÈNE III.

MADAME JOURDAIN.

Est-ce que vous voulez apprendre à danser pour quand vous n'aurez plus de jambes?

NICOLE.

Est-ce que vous avez envie de tuer quelqu'un?

M. JOURDAIN.

Taisez-vous, vous dis-je : vous êtes des ignorantes l'une et l'autre, et vous ne savez pas les prérogatives de tout cela.

MADAME JOURDAIN.

Vous devriez bien plutôt songer à marier votre fille, qui est en âge d'être pourvue.

M. JOURDAIN.

Je songerai à marier ma fille quand il se présentera un parti pour elle; mais je veux songer aussi à apprendre les belles choses.

NICOLE.

J'ai encore ouï dire, madame, qu'il a pris aujourd'hui, pour renfort de potage, un maître de philosophie.

M. JOURDAIN.

Fort bien. Je veux avoir de l'esprit, et savoir raisonner des choses parmi les honnêtes gens.

MADAME JOURDAIN.

N'irez-vous pas l'un de ces jours au collège vous faire donner le fouet à votre âge?

M. JOURDAIN.

Pourquoi non? Plût à Dieu l'avoir tout à l'heure le fouet devant tout le monde, et savoir ce qu'on apprend au collège!

NICOLE.

Oui, ma foi, cela vous rendroit la jambe bien mieux faite.

M. JOURDAIN.

Sans doute.

MADAME JOURDAIN.

Tout cela est fort nécessaire pour conduire votre maison!

M. JOURDAIN.

Assurément. Vous parlez toutes deux comme des bêtes, et j'ai honte de votre ignorance. Par exemple (*à madame Jourdain*), savez-vous, vous, ce que c'est que vous dites à cette heure?

MADAME JOURDAIN.

Oui; je sais que ce que je dis est fort bien dit, et que vous devriez songer à vivre d'autre sorte.

M. JOURDAIN.

Je ne parle pas de cela. Je vous demande ce que c'est que les paroles que vous dites ici.

MADAME JOURDAIN.

Ce sont des paroles bien sensées, et votre conduite ne l'est guère.

M. JOURDAIN.

Je ne parle pas de cela, vous dis-je; je vous demande, ce que je parle avec vous, ce que je vous dis à cette heure, qu'est-ce que c'est?

MADAME JOURDAIN.

Des chansons.

M. JOURDAIN.

Hé! non, ce n'est pas cela. Ce que nous disons

tous deux ? le langage que nous parlons à cette heure ?

MADAME JOURDAIN.

Hé bien ?

M. JOURDAIN.

Comment est-ce que cela s'appelle ?

MADAME JOURDAIN.

Cela s'appelle comme on veut l'appeler.

M. JOURDAIN.

C'est de la prose, ignorante.

MADAME JOURDAIN.

De la prose ?

M. JOURDAIN.

Oui, de la prose. Tout ce qui est prose n'est point vers ; et tout ce qui n'est point vers est prose. Et voilà ce que c'est que d'étudier ! (*à Nicole.*) Et toi, sais-tu bien comme il faut faire pour dire un U ?

NICOLE.

Comment ?

M. JOURDAIN.

Oui, qu'est-ce que tu fais quand tu dis un U ?

NICOLE.

Quoi ?

M. JOURDAIN.

Dis un peu U, pour voir.

NICOLE.

Hé bien, U.

M. JOURDAIN.

Qu'est-ce que tu fais ?

LE BOURGEOIS GENTILHOMME.

NICOLE.

Je dis U.

M. JOURDAIN.

Oui; mais quand tu dis U, qu'est-ce que tu fais?

NICOLE.

Je fais ce que vous me dites.

M. JOURDAIN.

Oh! l'étrange chose que d'avoir affaire à des bêtes! Tu alonges les lèvres en dehors, et approches la mâchoire d'en-haut de celle d'en-bas. U, vois-tu? U; je fais la moue, U.

NICOLE.

Oui, cela est biau!

MADAME JOURDAIN.

Voilà qui est admirable!

M. JOURDAIN.

C'est bien autre chose, si vous aviez vu O, et DA, DA, et FA, FA.

MADAME JOURDAIN.

Qu'est-ce que c'est donc que tout ce galimatias-là?

NICOLE.

De quoi est-ce que tout cela guérit?

M. JOURDAIN.

J'enrage, quand je vois des femmes ignorantes.

MADAME JOURDAIN.

Allez, vous devriez envoyer promener tous ces gens-là avec leurs fariboles.

ACTE III, SCÈNE III.

NICOLE.

Et sur-tout ce grand escogriffe de maître d'armes, qui remplit de poudre tout mon ménage.

M. JOURDAIN.

Ouais ! ce maître d'armes vous tient bien au cœur ! Je te veux faire voir ton impertinence tout à l'heure. (*après avoir fait apporter les fleurets, et en avoir donné un à Nicole.*) Tiens; raison démonstrative ; la ligne du corps. Quand on pousse en quarte on n'a qu'à faire cela; et, quand on pousse en tierce, on n'a qu'à faire cela. Voilà le moyen de n'être jamais tué ; et cela n'est-il pas beau d'être assuré de son fait, quand on se bat contre quelqu'un ? Là, pousse-moi un peu, pour voir.

NICOLE.

Hé bien, quoi ? (*Nicole pousse plusieurs bottes à M. Jourdain.*)

M. JOURDAIN.

Tout beau. Holà ! ho ! doucement. Diantre soit la coquine !

NICOLE.

Vous me dites de pousser.

M. JOURDAIN.

Oui ; mais tu me pousses en tierce, avant que de pousser en quarte, et tu n'as pas la patience que je pare.

MADAME JOURDAIN.

Vous êtes fou, mon mari, avec toutes vos fantaisies; et cela vous est venu depuis que vous vous mêlez de hanter la noblesse.

M. JOURDAIN.

Lorsque je hante la noblesse, je fais paroître mon jugement; et cela est plus beau que de hanter votre bourgeoisie.

MADAME JOURDAIN.

Çamon vraiment! il y a fort à gagner à fréquenter vos nobles! et vous avez bien opéré avec ce beau monsieur le comte dont vous vous êtes embéguiné.

M. JOURDAIN.

Paix, songez à ce que vous dites. Savez-vous bien, ma femme, que vous ne savez pas de qui vous parlez, quand vous parlez de lui? C'est une personne d'importance plus que vous ne pensez, un seigneur que l'on considère à la cour, et qui parle au roi tout comme je vous parle. N'est-ce pas une chose qui m'est tout-à-fait honorable, que l'on voie venir chez moi si souvent une personne de cette qualité, qui m'appelle son cher ami, et me traite comme si j'étois son égal? Il a pour moi des bontés qu'on ne devineroit jamais; et devant tout le monde il me fait des caresses dont je suis moi-même confus.

MADAME JOURDAIN.

Oui, il a des bontés pour vous et vous fait des caresses; mais il vous emprunte votre argent.

M. JOURDAIN.

Hé bien! ne m'est-ce pas de l'honneur de prêter de l'argent à un homme de cette condition-là? et puis-je faire moins pour un seigneur qui m'appelle son cher ami?

MADAME JOURDAIN.

Et ce seigneur, que fait-il pour vous?

M. JOURDAIN.

Des choses dont on seroit étonné si on les savoit.

MADAME JOURDAIN.

Et quoi?

M. JOURDAIN.

Baste, je ne puis pas m'expliquer. Il suffit que si je lui ai prêté de l'argent, il me le rendra bien, et avant qu'il soit peu.

MADAME JOURDAIN.

Oui, attendez-vous à cela.

M. JOURDAIN.

Assurément. Ne me l'a-t-il pas dit?

MADAME JOURDAIN.

Oui, oui; il ne manquera pas d'y faillir.

M. JOURDAIN.

Il m'a juré sa foi de gentilhomme.

MADAME JOURDAIN.

Chansons.

M. JOURDAIN.

Ouais! vous êtes bien obstinée, ma femme. Je vous dis qu'il me tiendra sa parole, j'en suis sûr.

MADAME JOURDAIN.

Et moi, je suis sûre que non, et que toutes les caresses qu'il vous fait ne sont que pour vous enjôler.

M. JOURDAIN.

Taisez-vous. Le voici.

MADAME JOURDAIN.

Il ne nous faut plus que cela. Il vient peut-être encore vous faire quelque emprunt, et il me semble que j'ai dîné quand je le vois.

M. JOURDAIN.

Taisez-vous, vous dis-je.

SCÈNE IV.

DORANTE, M. JOURDAIN, MADAME JOURDAIN, NICOLE.

DORANTE.

Mon cher ami monsieur Jourdain, comment vous portez-vous ?

M. JOURDAIN.

Fort bien, monsieur, pour vous rendre mes petits services.

DORANTE.

Et madame Jourdain que voilà, comment se porte-t-elle ?

MADAME JOURDAIN.

Madame Jourdain se porte comme elle peut.

DORANTE.

Comment ! monsieur Jourdain, vous voilà le plus propre du monde.

M. JOURDAIN.

Vous voyez.

ACTE III, SCÈNE IV.

DORANTE.

Vous avez tout-à-fait bon air avec cet habit; nous n'avons point de jeunes gens à la cour qui soient mieux faits que vous.

M. JOURDAIN.

Hai, hai.

MADAME JOURDAIN, *à part*.

Il le gratte par où il se démange.

DORANTE.

Tournez-vous. Cela est tout-à-fait galant.

MADAME JOURDAIN, *à part*.

Oui, aussi sot par derrière que par devant.

DORANTE.

Ma foi, monsieur Jourdain, j'avois une impatience étrange de vous voir. Vous êtes l'homme du monde que j'estime le plus, et je parlois de vous encore ce matin dans la chambre du roi.

M. JOURDAIN.

Vous me faites beaucoup d'honneur, monsieur. (*à madame Jourdain.*) Dans la chambre du roi.

DORANTE.

Allons, mettez.

M. JOURDAIN.

Monsieur, je sais le respect que je vous dois.

DORANTE.

Mon dieu! mettez. Point de cérémonie entre nous, je vous prie.

M. JOURDAIN.

Monsieur...

DORANTE.

Mettez, vous dis-je, monsieur Jourdain; vous êtes mon ami.

M. JOURDAIN.

Monsieur, je suis votre serviteur.

DORANTE.

Je ne me couvrirai point, si vous ne vous couvrez.

M. JOURDAIN, *se couvrant*.

J'aime mieux être incivil qu'importun.

DORANTE.

Je suis votre débiteur, comme vous le savez.

MADAME JOURDAIN, *à part*.

Oui, nous ne le savons que trop.

DORANTE.

Vous m'avez généreusement prêté de l'argent en plusieurs occasions; et vous m'avez obligé de la meilleure grâce du monde, assurément.

M. JOURDAIN.

Monsieur, vous vous moquez.

DORANTE.

Mais je sais rendre ce qu'on me prête, et reconnoître les plaisirs qu'on me fait.

M. JOURDAIN.

Je n'en doute point, monsieur.

DORANTE.

Je veux sortir d'affaires avec vous; et je viens ici pour faire nos comptes ensemble.

ACTE III, SCENE IV.

M. JOURDAIN, *bas, à madame Jourdain.*

Hé bien! vous voyez votre impertinence, ma femme.

DORANTE.

Je suis homme qui aime à m'acquitter le plus tôt que je puis.

M. JOURDAIN, *bas, à madame Jourdain.*

Je vous le disois bien!

DORANTE.

Voyons un peu ce que je vous dois.

M. JOURDAIN, *bas, à madame Jourdain.*

Vous voilà avec vos soupçons ridicules!

DORANTE.

Vous souvenez-vous bien de tout l'argent que vous m'avez prêté?

M. JOURDAIN.

Je crois que oui. J'en ai fait un petit mémoire. Le voici. Donné à vous une fois deux cents louis.

DORANTE.

Cela est vrai.

M. JOURDAIN.

Une autre fois, six vingts.

DORANTE.

Oui.

M. JOURDAIN.

Une autre fois, cent quarante.

DORANTE.

Vous avez raison.

M. JOURDAIN.

Ces trois articles font quatre cent soixante louis, qui valent cinq mille soixante livres.

DORANTE.

Le compte est fort bon. Cinq mille soixante livres.

M. JOURDAIN.

Mille huit cent trente-deux livres à votre plumassier.

DORANTE.

Justement.

M. JOURDAIN.

Deux mille sept cent quatre-vingts livres à votre tailleur.

DORANTE.

Il est vrai.

M. JOURDAIN.

Quatre mille trois cent septante-neuf livres douze sous huit deniers à votre marchand.

DORANTE.

Fort bien. Douze sous huit deniers, le compte est juste

M. JOURDAIN.

Et mille sept cent quarante-huit livres sept sous quatre deniers à votre sellier.

DORANTE.

Tout cela est véritable. Qu'est-ce que cela fait?

M. JOURDAIN.

Somme totale, quinze mille huit cents livres.

DORANTE.

Somme totale est juste. Quinze mille huit cents livres. Mettez encore deux cents louis que vous m'allez donner, cela fera justement dix-huit mille francs, que je vous paierai au premier jour.

MADAME JOURDAIN, *bas, à M. Jourdain.*

Hé bien! ne l'avois-je pas bien deviné?

M. JOURDAIN, *bas, à madame Jourdain.*

Paix.

DORANTE.

Cela vous incommodera-t-il, de me donner ce que je vous dis?

M. JOURDAIN.

Hé! non.

MADAME JOURDAIN, *bas, à M. Jourdain.*

Cet homme-là fait de vous une vache à lait.

M. JOURDAIN, *bas, à madame Jourdain.*

Taisez-vous.

DORANTE.

Si cela vous incommode, j'en irai chercher ailleurs.

M. JOURDAIN.

Non, monsieur.

MADAME JOURDAIN, *bas, à M. Jourdain.*

Il ne sera pas content qu'il ne vous ait ruiné.

M. JOURDAIN, *bas, à madame Jourdain.*

Taisez-vous, vous dis-je.

DORANTE

Vous n'avez qu'à me dire si cela vous embarrasse

M. JOURDAIN.

Point, monsieur.

MADAME JOURDAIN, *bas, à M. Jourdain.*

C'est un vrai enjôleur.

M. JOURDAIN, *bas, à madame Jourdain.*

Taisez-vous donc.

MADAME JOURDAIN, *bas, à M. Jourdain.*

Il vous sucera jusqu'au dernier sou.

M. JOURDAIN, *bas, à madame Jourdain.*

Vous tairez-vous?

DORANTE.

J'ai force gens qui m'en prêteroient avec joie; mais, comme vous êtes mon meilleur ami, j'ai cru que je vous ferois tort si j'en demandois à quelque autre.

M. JOURDAIN.

C'est trop d'honneur, monsieur, que vous me faites. Je vais querir votre affaire.

MADAME JOURDAIN, *bas, à M. Jourdain.*

Quoi! vous allez encore lui donner cela?

M. JOURDAIN, *bas, à madame Jourdain.*

Que faire? Voulez-vous que je refuse un homme de cette condition-là, qui a parlé de moi ce matin dans la chambre du roi?

MADAME JOURDAIN, *bas, à M. Jourdain.*

Allez, vous êtes une vraie dupe.

SCÈNE V.

DORANTE, MADAME JOURDAIN, NICOLE.

DORANTE.

Vous me semblez toute mélancolique : qu'avez-vous, madame Jourdain ?

MADAME JOURDAIN.

J'ai la tête plus grosse que le poing, et si elle n'est pas enflée.

DORANTE.

Mademoiselle votre fille, où est-elle, que je ne la vois point ?

MADAME JOURDAIN.

Mademoiselle ma fille est bien où elle est.

DORANTE.

Comment se porte-t-elle ?

MADAME JOURDAIN.

Elle se porte sur ses deux jambes.

DORANTE.

Ne voulez-vous point, un de ces jours, venir voir avec elle le ballet et la comédie que l'on fait chez le roi ?

MADAME JOURDAIN.

Oui vraiment, nous avons fort envie de rire; fort envie de rire nous avons.

DORANTE.

Je pense, madame Jourdain, que vous avez eu bien des amants dans votre jeune âge, belle et d'agréable humeur comme vous étiez.

MADAME JOURDAIN.

Tredame, monsieur, est-ce que madame Jourdain est décrépite? et la tête lui grouille-t-elle déjà?

DORANTE.

Ah! ma foi, madame Jourdain, je vous demande pardon: je ne songeois pas que vous êtes jeune; et je rêve le plus souvent. Je vous prie d'excuser mon impertinence.

SCÈNE VI.

M. JOURDAIN, Mme JOURDAIN, DORANTE, NICOLE.

M. JOURDAIN, *à Dorante.*

Voilà deux cents louis bien comptés.

DORANTE.

Je vous assure, monsieur Jourdain, que je suis tout à vous, et que je brûle de vous rendre un service à la cour.

M. JOURDAIN.

Je vous suis trop obligé.

DORANTE.

Si madame Jourdain veut voir le divertissement royal, je lui ferai donner les meilleures places de la salle.

MADAME JOURDAIN.

Madame Jourdain vous baise les mains.

DORANTE, *bas, à M. Jourdain.*

Notre belle marquise, comme je vous ai mandé

par mon billet, viendra tantôt ici pour le ballet et le repas ; et je l'ai fait consentir enfin au cadeau que vous lui voulez donner.

M. JOURDAIN.

Tirons-nous un peu plus loin, pour cause.

DORANTE.

Il y a huit jours que je ne vous ai vu, et je ne vous ai point mandé de nouvelles du diamant que vous me mîtes entre les mains pour lui en faire présent de votre part : mais c'est que j'ai eu toutes les peines du monde à vaincre son scrupule : et ce n'est que d'aujourd'hui qu'elle s'est résolue à l'accepter.

M. JOURDAIN.

Comment l'a-t-elle trouvé ?

DORANTE.

Merveilleux ; et je me trompe fort, ou la beauté de ce diamant sera pour vous sur son esprit un effet admirable.

M. JOURDAIN.

Plût au ciel !

MADAME JOURDAIN, *à Nicole*.

Quand il est une fois avec lui, il ne peut le quitter.

DORANTE.

Je lui ai fait valoir comme il faut la richesse de ce présent et la grandeur de votre amour.

M. JOURDAIN.

Ce sont, monsieur, des bontés qui m'accablent ; et je suis dans une confusion la plus grande du monde de voir une personne de votre qualité s'abaisser pour moi à ce que vous faites.

DORANTE.

Vous moquez-vous? est-ce qu'entre amis on s'arrête à ces sortes de scrupules? et ne feriez-vous pas pour moi la même chose si l'occasion s'en offroit?

M. JOURDAIN.

Oh! assurément, et de très grand cœur.

MADAME JOURDAIN, *bas, à Nicole.*

Que sa présence me pèse sur les épaules!

DORANTE.

Pour moi, je ne regarde rien quand il faut servir un ami; et lorsque vous me fîtes confidence de l'ardeur que vous aviez prise pour cette marquise agréable chez qui j'avois commerce, vous vîtes que d'abord je m'offris de moi-même à servir votre amour.

M. JOURDAIN.

Il est vrai. Ce sont des bontés qui me confondent.

MADAME JOURDAIN, *à Nicole.*

Est-ce qu'il ne s'en ira point?

NICOLE.

Ils se trouvent bien ensemble.

DORANTE.

Vous avez pris le bon biais pour toucher son cœur. Les femmes aiment sur-tout les dépenses qu'on fait pour elles; et vos fréquentes sérénades, et vos bouquets continuels, ce superbe feu d'artifice qu'elle trouva sur l'eau, le diamant qu'elle a reçu de votre part, et le cadeau que vous lui préparez, tout cela lui parle bien mieux en faveur de votre amour, que toutes les paroles que vous auriez pu lui dire vous-même.

M. JOURDAIN.

Il n'y a pas de dépense que je ne fisse, si par-là je pouvois trouver le chemin de son cœur. Une femme de qualité a pour moi des charmes ravissants; et c'est un honneur que j'achèterois au prix de toutes choses.

MADAME JOURDAIN, *bas, à Nicole.*

Que peuvent-ils tant dire ensemble? Va-t'en un peu tout doucement prêter l'oreille.

DORANTE.

Ce sera tantôt que vous jouirez à votre aise du plaisir de sa vue; et vos yeux auront tout le temps de se satisfaire.

M. JOURDAIN.

Pour être en pleine liberté, j'ai fait en sorte que ma femme ira dîner chez ma sœur, où elle passera toute l'après-dînée.

DORANTE.

Vous avez fait prudemment, et votre femme auroit pu nous embarrasser. J'ai donné pour vous l'ordre qu'il faut au cuisinier, et à toutes les choses qui sont nécessaires pour le ballet. Il est de mon invention; et pourvu que l'exécution puisse répondre à l'idée; je suis sûr qu'il sera trouvé...

M. JOURDAIN, *s'apercevant que Nicole écoute, et lui donnant un soufflet.*

Ouais! vous êtes bien impertinente! (*à Dorante.*) Sortons, s'il vous plaît.

SCÈNE VII.

MADAME JOURDAIN, NICOLE.

NICOLE.

Ma foi, madame, la curiosité m'a coûté quelque chose : mais je crois qu'il y a quelque anguille sous roche; et ils parlent de quelque affaire où ils ne veulent pas que vous soyez.

MADAME JOURDAIN.

Ce n'est pas d'aujourd'hui, Nicole, que j'ai conçu des soupçons de mon mari. Je suis la plus trompée du monde, ou il y a quelque amour en campagne; et je travaille à découvrir ce que ce peut être. Mais songeons à ma fille. Tu sais l'amour que Cléonte a pour elle : c'est un homme qui me revient, et je veux aider sa recherche, et lui donner Lucile, si je puis.

NICOLE.

En vérité, madame, je suis la plus ravie du monde de vous voir dans ces sentiments : car si le maître vous revient, le valet ne me revient pas moins; et je souhaiterois que notre mariage se pût faire à l'ombre du leur.

MADAME JOURDAIN.

Va-t'en lui parler de ma part, et lui dire que

tout à l'heure il me vienne trouver, pour faire ensemble à mon mari la demande de ma fille.

NICOLE.

J'y cours, madame, avec joie ; et je ne pouvois recevoir une commission plus agréable. (*seule*.) Je vais, je pense, bien réjouir les gens.

SCÈNE VIII.

CLÉONTE, COVIELLE, NICOLE.

NICOLE, *à Cléonte.*

Ah! vous voilà tout à propos. Je suis une ambassadrice de joie, et je viens...

CLÉONTE.

Retire-toi, perfide, et ne me viens pas amuser avec tes traîtresses paroles.

NICOLE.

Est-ce ainsi que vous recevez...

CLÉONTE.

Retire-toi, te dis-je, et va-t'en de ce pas dire à ton infidèle maîtresse qu'elle n'abusera de sa vie le trop simple Cléonte.

NICOLE.

Quel vertigo est-ce donc là? Mon pauvre Covielle, dis-moi un peu ce que cela veut dire.

COVIELLE.

Ton pauvre Covielle, petite scélérate! Allons, vite; ôte-toi de mes yeux, vilaine, et me laisse en repos.

NICOLE.

Quoi! tu me viens aussi...

COVIELLE.

Ôte-toi de mes yeux; te dis-je; et ne me parle de ta vie.

NICOLE, à part.

Ouais! quelle mouche les a piqués tous deux? Allons de cette belle histoire informer ma maîtresse.

SCÈNE IX.

CLÉONTE, COVIELLE.

CLÉONTE.

Quoi! traiter un amant de la sorte! et un amant le plus fidèle et le plus passionné de tous les amants!

COVIELLE.

C'est une chose épouvantable que ce qu'on nous fait à tous deux.

CLÉONTE.

Je fais voir pour une personne toute l'ardeur et toute la tendresse qu'on peut imaginer, je n'aime rien au monde qu'elle, et je n'ai qu'elle dans l'esprit; elle fait tous mes soins, tous mes désirs, toute ma joie; je ne parle que d'elle, je ne pense qu'à elle, je ne fais des songes que d'elle, je ne respire que par elle, mon cœur vit tout en elle : et voilà de tant d'amitié la digne récompense! Je suis deux jours sans la voir, qui sont pour moi deux siècles effroyables; je la rencontre par hasard, mon cœur à cette vue se sent tout transporté, ma joie éclate sur mon visage, je vole avec ravissement vers elle; et l'infidèle détourne de moi ses regards, et passe brusquement, comme si de sa vie elle ne m'avoit vu!

COVIELLE.

Je dis les mêmes choses que vous.

CLÉONTE.

Peut-on rien voir d'égal, Covielle, à cette perfidie de l'ingrate Lucile?

COVIELLE.

Et à celle, monsieur, de la pendarde de Nicole?

CLÉONTE.

Après tant de sacrifices ardents, de soupirs et de vœux que j'ai faits à ses charmes!

COVIELLE.

Après tant d'assidus hommages, de soins et de services que je lui ai rendus dans sa cuisine!

CLÉONTE.

Tant de larmes que j'ai versées à ses genoux!

COVIELLE.

Tant de seaux d'eau que j'ai tirés au puits pour elle!

CLÉONTE.

Tant d'ardeur que j'ai fait paroître à la chérir plus que moi-même!

COVIELLE.

Tant de chaleur que j'ai soufferte à tourner la broche à sa place!

CLÉONTE.
Elle me fuit avec mépris!

COVIELLE.
Elle me tourne le dos avec effronterie!

CLÉONTE.
C'est une perfidie digne des plus grands châtiments.

COVIELLE.
C'est une trahison à mériter mille soufflets.

CLÉONTE.
Ne t'avise point, je te prie, de me jamais parler pour elle.

COVIELLE.
Moi, monsieur? Dieu m'en garde!

CLÉONTE.
Ne viens point m'excuser l'action de cette infidèle.

COVIELLE.
N'ayez pas peur.

CLÉONTE.
Non, vois-tu, tous tes discours pour la défendre ne serviront de rien.

COVIELLE.
Qui songe à cela?

CLÉONTE.
Je veux contre elle conserver mon ressentiment, et rompre ensemble tout commerce.

COVIELLE.
J'y consens.

ACTE III, SCÈNE IX.

CLÉONTE.

Ce monsieur le comte qui va chez elle lui donne peut-être dans la vue; et son esprit, je le vois bien, se laisse éblouir à la qualité. Mais il me faut, pour mon honneur, prévenir l'éclat de son inconstance. Je veux faire autant de pas qu'elle au changement où je la vois courir, et ne lui laisser pas toute la gloire de me quitter.

COVIELLE.

C'est fort bien dit; et j'entre pour mon compte dans tous vos sentiments.

CLÉONTE.

Donne la main à mon dépit; et soutiens ma résolution contre tous les restes d'amour qui me pourroient parler pour elle. Dis-m'en, je t'en conjure, tout le mal que tu pourras; fais-moi de sa personne une peinture qui me la rende méprisable; et marque-moi bien, pour m'en dégoûter, tous les défauts que tu peux voir en elle.

COVIELLE.

Elle, monsieur? voilà une belle mijaurée, une pimpesouée bien bâtie, pour vous donner tant d'amour! Je ne lui vois rien que de très médiocre; et vous trouverez cent personnes qui seront plus dignes de vous. Premièrement elle a les yeux petits.

CLÉONTE.

Cela est vrai, elle a les yeux petits; mais elle les a pleins de feu, les plus brillants, les plus perçants du monde, les plus touchants qu'on puisse voir.

COVIELLE.

Elle a la bouche grande.

CLÉONTE.

Oui; mais on y voit des graces qu'on ne voit point aux autres bouches : et cette bouche, en la voyant, inspire des désirs; elle est la plus attrayante, la plus amoureuse du monde.

COVIELLE.

Pour sa taille, elle n'est pas grande.

CLÉONTE.

Non; mais elle est aisée et bien prise.

COVIELLE.

Elle affecte une nonchalance dans son parler et dans ses actions...

CLÉONTE.

Il est vrai, mais elle a grace à tout cela; et ses manières sont engageantes, ont je ne sais quel charme à s'insinuer dans les cœurs.

COVIELLE.

Pour de l'esprit...

CLÉONTE.

Ah! elle en a, Covielle, du plus fin, du plus délicat.

COVIELLE.

Sa conversation...

CLÉONTE.

Sa conversation est charmante.

COVIELLE.

Elle est toujours sérieuse.

CLÉONTE.

Veux-tu de ces enjouements épanouis, de ces joies toujours ouvertes? Et vois-tu rien de plus impertinent que des femmes qui rient à tout propos?

COVIELLE.

Mais enfin, elle est capricieuse autant que personne du monde.

CLÉONTE.

Oui, elle est capricieuse, j'en demeure d'accord; mais tout sied bien aux belles, on souffre tout des belles.

COVIELLE.

Puisque cela va comme cela, je vois bien que vous avez envie de l'aimer toujours.

CLÉONTE.

Moi? j'aimerois mieux mourir; et je vais la haïr autant que je l'ai aimée.

COVIELLE.

Le moyen, si vous la trouvez si parfaite?

CLÉONTE.

C'est en quoi ma vengeance sera plus éclatante, en quoi je veux faire mieux voir la force de mon cœur à la haïr, à la quitter, toute belle, toute pleine d'attraits, tout aimable que je la trouve. La voici.

SCÈNE X.

LUCILE, CLÉONTE, COVIELLE, NICOLE.

NICOLE, *à Lucile.*
Pour moi, j'en ai été toute scandalisée.

LUCILE.
Ce ne peut être, Nicole, que ce que je dis. Mais le voilà.

CLÉONTE, *à Covielle.*
Je ne veux pas seulement lui parler.

COVIELLE.
Je veux vous imiter.

LUCILE.
Qu'est-ce donc, Cléonte? Qu'avez-vous?

NICOLE.
Qu'as-tu donc, Covielle?

LUCILE.
Quel chagrin vous possède?

NICOLE.
Quelle mauvaise humeur te tient?

LUCILE.
Êtes-vous muet, Cléonte?

NICOLE.
As-tu perdu la parole, Covielle?

CLÉONTE.
Que voilà qui est scélérat!

COVIELLE.
Que cela est Judas!

ACTE III, SCÈNE X.

LUCILE.

Je vois bien que la rencontre de tantôt a troublé votre esprit.

CLÉONTE, à Covielle.

Ah! ah! on voit ce qu'on a fait.

NICOLE.

Notre accueil de ce matin t'a fait prendre la chèvre.

COVIELLE, à Cléonte.

On a deviné l'enclouure.

LUCILE.

N'est-il pas vrai, Cléonte, que c'est là le sujet de votre dépit?

CLÉONTE.

Oui, perfide, ce l'est, puisqu'il faut parler; et j'ai à vous dire que vous ne triompherez pas, comme vous le pensez, de votre infidélité, que je veux être le premier à rompre avec vous, et que vous n'aurez pas l'avantage de me chasser. J'aurai de la peine, sans doute, à vaincre l'amour que j'ai pour vous; cela me causera des chagrins; je souffrirai un temps : mais j'en viendrai à bout, et je me percerai plutôt le cœur, que d'avoir la foiblesse de retourner à vous.

COVIELLE, à Nicole.

Queussi queumi.

LUCILE.

Voilà bien du bruit pour un rien. Je veux vous dire, Cléonte, le sujet qui m'a fait ce matin éviter votre abord.

CLÉONTE, *voulant s'en aller pour éviter Lucile*

Non, je ne veux rien écouter.

NICOLE, *à Covielle.*

Je te veux apprendre la cause qui nous a fait passer si vite.

COVIELLE, *voulant aussi s'en aller pour éviter Nicole*

Je ne veux rien entendre

LUCILE, *suivant Cléonte.*

Sachez que ce matin...

CLÉONTE, *marchant toujours sans regarder Lucile*

Non, vous dis-je.

NICOLE, *suivant Covielle.*

Apprends que...

OVIELLE, *marchant aussi sans regarder Nicole.*

Non, traîtresse.

LUCILE.

Écoutez.

CLÉONTE.

Point d'affaire.

NICOLE.

Laisse-moi dire.

COVIELLE.

Je suis sourd.

LUCILE.

Cléonte!

CLÉONTE.

Non.

NICOLE.

Covielle!

ACTE III, SCÈNE X.

COVIELLE

Point.

LUCILE.

Arrêtez.

CLÉONTE.

Chansons.

NICOLE.

Entends-moi.

COVIELLE.

Bagatelle.

LUCILE.

Un moment.

CLÉONTE.

Point du tout.

NICOLE.

Un peu de patience.

COVIELLE.

Tarare.

LUCILE.

Deux paroles.

CLÉONTE.

Non, c'en est fait.

NICOLE.

Un mot.

COVIELLE.

Plus de commerce.

LUCILE, *s'arrêtant.*

Hé bien! puisque vous ne voulez pas m'écouter, demeurez dans votre pensée, et faites ce qu'il vous plaira.

NICOLE, *s'arrêtant aussi.*

Puisque tu fais comme cela, prends-le tout comme tu voudras.

CLÉONTE, *se retournant vers Lucile.*

Sachons donc le sujet d'un si bel accueil.

LUCILE, *s'en allant à son tour pour éviter Cléonte.*

Il ne me plaît plus de le dire.

COVIELLE, *se retournant vers Nicole.*

Apprends-nous un peu cette histoire.

NICOLE, *s'en allant aussi pour éviter Covielle.*

Je ne veux plus, moi, te l'apprendre.

CLÉONTE, *suivant Lucile.*

Dites-moi...

LUCILE, *marchant toujours sans regarder Cléonte.*

Non, je ne veux rien dire.

COVIELLE, *suivant Nicole.*

Conte-moi...

NICOLE, *marchant aussi sans regarder Covielle.*

Non, je ne conte rien.

CLÉONTE.

De grace.

LUCILE.

Non, vous dis-je.

COVIELLE.

Par charité.

NICOLE.

Point d'affaire.

CLÉONTE.

Je vous en prie.

ACTE III, SCENE X.

LUCILE.

Laissez-moi.

COVIELLE.

Je t'en conjure.

NICOLE.

Ote-toi de là.

CLÉONTE.

Lucile !

LUCILE

Non.

COVIELLE.

Nicole !

NICOLE.

Point.

CLÉONTE.

Au nom des dieux !

LUCILE.

Je ne veux pas.

COVIELLE

Parle-moi.

NICOLE.

Point du tout.

CLÉONTE.

Éclaircissez mes doutes.

LUCILE.

Non, je n'en ferai rien.

COVIELLE.

Guéris-moi l'esprit.

NICOLE.

Non, il ne me plaît pas.

CLÉONTE.

Hé bien! puisque vous vous souciez si peu de me tirer de peine, et de vous justifier du traitement indigne que vous avez fait à ma flamme, vous me voyez, ingrate, pour la dernière fois; et je vais, loin de vous, mourir de douleur et d'amour.

COVIELLE, *à Nicole.*

Et moi, je vais suivre ses pas.

LUCILE, *à Cléonte qui veut sortir.*

Cléonte!

NICOLE, *à Covielle qui suit son maître.*

Covielle!

CLÉONTE, *s'arrêtant.*

Hé?

COVIELLE, *s'arrêtant aussi.*

Plaît-il?

LUCILE.

Où allez-vous?

CLÉONTE.

Où je vous ai dit.

COVIELLE.

Nous allons mourir.

LUCILE.

Vous allez mourir, Cléonte?

CLÉONTE.

Oui, cruelle, puisque vous le voulez.

LUCILE.

Moi, je veux que vous mouriez?

CLÉONTE.

Oui, vous le voulez.

LUCILE.

Qui vous le dit?

CLÉONTE, *s'approchant de Lucile.*

N'est-ce pas le vouloir, que de ne vouloir pas éclaircir mes soupçons.

LUCILE.

Est-ce ma faute? Et si vous aviez voulu m'écouter, ne vous aurois-je pas dit que l'aventure dont vous vous plaignez a été causée ce matin par la présence d'une vieille tante qui veut à toute force que la seule approche d'un homme déshonore une fille, qui perpétuellement nous sermonne sur ce chapitre, et nous figure tous les hommes comme des diables qu'il faut fuir?

NICOLE, *à Covielle.*

Voilà le secret de l'affaire.

CLÉONTE.

Ne me trompez-vous point, Lucile?

COVIELLE, *à Nicole.*

Ne m'en donnes-tu point à garder?

LUCILE, *à Cléonte.*

Il n'est rien de plus vrai.

NICOLE, *à Covielle.*

C'est la chose comme elle est.

COVIELLE, *à Cléonte.*

Nous rendrons-nous à cela?

CLÉONTE.

Ah! Lucile, qu'avec un mot de votre bouche

vous savez apaiser de choses dans mon cœur! et que facilement on se laisse persuader aux personnes qu'on aime!

COVIELLE.

Qu'on est aisément amadoué par ces diantres d'animaux-là!

SCÈNE XI.

MADAME JOURDAIN, CLÉONTE, LUCILE, COVIELLE, NICOLE.

MADAME JOURDAIN.

Je suis bien aise de vous voir, Cléonte; et vous voilà tout à propos. Mon mari vient, prenez vite votre temps pour lui demander Lucile en mariage.

CLÉONTE.

Ah! madame, que cette parole m'est douce! et qu'elle flatte mes désirs! Pouvois-je recevoir un ordre plus charmant, une faveur plus précieuse?

SCÈNE XII.

CLÉONTE, M. JOURDAIN, MADAME JOURDAIN, LUCILE, COVIELLE, NICOLE.

CLÉONTE.

Monsieur, je n'ai voulu prendre personne pour vous faire une demande que je médite il y a long-temps. Elle me touche assez pour m'en charger moi-même; et, sans autre détour, je vous dirai que l'honneur d'être votre gendre est une faveur glorieuse que je vous prie de m'accorder.

M. JOURDAIN.

Avant que de vous rendre réponse, monsieur, je vous prie de me dire si vous êtes gentilhomme.

CLÉONTE.

Monsieur, la plupart des gens sur cette question n'hésitent pas beaucoup : on tranche le mot aisément. Ce nom ne fait aucun scrupule à prendre; et l'usage aujourd'hui semble en autoriser le vol. Pour moi, je vous l'avoue, j'ai les sentiments sur cette matière un peu plus délicats. Je trouve que toute imposture est indigne d'un honnête homme, et qu'il y a de la lâcheté à déguiser ce que le ciel nous a fait naître, à se parer aux yeux du monde d'un titre dérobé, à se vouloir donner pour ce qu'on n'est pas. Je suis né de parents, sans doute, qui ont tenu des charges honorables; je me suis acquis dans les armes l'honneur de six ans de service, et je me trouve assez de bien pour tenir dans le monde un rang assez passable : mais, avec tout cela, je ne veux pas me donner un nom où d'autres en ma place croiroient pouvoir prétendre; et je vous dirai franchement que je ne suis point gentilhomme.

M. JOURDAIN.

Touchez là, monsieur; ma fille n'est pas pour vous.

CLÉONTE.

Comment?

M. JOURDAIN.

Vous n'êtes point gentilhomme, vous n'aurez point ma fille.

MADAME JOURDAIN.

Que voulez-vous donc dire avec votre gentilhomme? Est-ce que nous sommes, nous autres, de la côte de saint Louis?

M. JOURDAIN.

Taisez-vous, ma femme; je vous vois venir.

MADAME JOURDAIN.

Descendons-nous tous deux que de bonne bourgeoisie?

M. JOURDAIN.

Voilà pas le coup de langue?

MADAME JOURDAIN.

Et votre père n'étoit-il pas marchand aussi-bien que le mien?

M. JOURDAIN.

Peste soit de la femme! elle n'y a jamais manqué. Si votre père a été marchand, tant pis pour lui; mais, pour le mien, ce sont des malavisés qui disent cela. Tout ce que j'ai à vous dire, moi, c'est que je veux avoir un gendre gentilhomme.

MADAME JOURDAIN.

Il faut à votre fille un mari qui lui soit propre; et il vaut mieux pour elle un honnête homme riche et bien fait, qu'un gentilhomme gueux et mal bâti.

NICOLE.

Cela est vrai. Nous avons le fils du gentilhomme

de notre village qui est le plus grand malitorne et le plus sot dadais que j'aie jamais vu.

M. JOURDAIN, *à Nicole.*

Taisez-vous, impertinente : vous vous fourrez toujours dans la conversation. J'ai du bien assez pour ma fille, je n'ai besoin que d'honneurs; et je la veux faire marquise.

MADAME JOURDAIN.

Marquise?

M. JOURDAIN.

Oui, marquise.

MADAME JOURDAIN.

Hélas! Dieu m'en garde!

M. JOURDAIN.

C'est une chose que j'ai résolue.

MADAME JOURDAIN.

C'est une chose, moi, où je ne consentirai point. Les alliances avec plus grand que soi sont sujettes toujours à de fâcheux inconvénients. Je ne veux point qu'un gendre puisse à ma fille reprocher ses parents, et qu'elle ait des enfants qui aient honte de m'appeler leur grand-maman. S'il falloit qu'elle me vînt visiter en équipage de grand'dame, et qu'elle manquât par mégarde à saluer quelqu'un du quartier, on ne manqueroit pas aussitôt de dire cent sottises. « Voyez-vous, diroit-on, cette madame
« la marquise qui fait tant la glorieuse? c'est la
« fille de monsieur Jourdain, qui étoit trop heu-
« reuse, étant petite, de jouer à la madame avec
« nous. Elle n'a pas toujours été si relevée que la

« voilà, et ses deux grands-pères vendoient du
« drap auprès de la porte Saint-Innocent. Ils ont
« amassé du bien à leurs enfants, qu'ils paient
« maintenant peut-être bien cher en l'autre monde;
« et l'on ne devient guère si riche à être honnêtes
« gens. » Je ne veux point tous ces caquets; et je
veux un homme, en un mot, qui m'ait obligation
de ma fille, et à qui je puisse dire : Mettez-vous là,
mon gendre, et dînez avec moi.

M. JOURDAIN.

Voilà bien les sentiments d'un petit esprit, de
vouloir demeurer toujours dans la bassesse. Ne me
répliquez pas davantage : ma fille sera marquise en
dépit de tout le monde; et, si vous me mettez en
colère, je la ferai duchesse.

SCÈNE XIII.

MADAME JOURDAIN, LUCILE, CLÉONTE, NICOLE, COVIELLE.

MADAME JOURDAIN.

CLÉONTE, ne perdez point courage encore. (à
Lucile.) Suivez-moi, ma fille; et venez dire résolument à votre père que, si vous ne l'avez, vous ne
voulez épouser personne.

SCÈNE XIV.

CLÉONTE, COVIELLE.

COVIELLE.

Vous avez fait de belles affaires avec vos beaux sentiments!

CLÉONTE.

Que veux-tu? j'ai un scrupule là-dessus que l'exemple ne sauroit vaincre.

COVIELLE.

Vous moquez-vous de le prendre sérieusement avec un homme comme cela? Ne voyez-vous pas qu'il est fou? Et vous coûtoit-il quelque chose de vous accommoder à ses chimères?

CLÉONTE.

Tu as raison; mais je ne croyois pas qu'il fallût faire ses preuves de noblesse pour être gendre de monsieur Jourdain.

COVIELLE, *riant*.

Ah! ah! ah!

CLÉONTE.

De quoi ris-tu?

COVIELLE.

D'une pensée qui me vient pour jouer notre homme, et vous faire obtenir ce que vous souhaitez.

CLÉONTE.

Comment?

COVIELLE.

L'idée est tout-à-fait plaisante.

CLÉONTE.

Quoi donc?

COVIELLE.

Il s'est fait depuis peu une certaine mascarade qui vient le mieux du monde ici, et que je prétends faire entrer dans une bourde que je veux faire à notre ridicule. Tout cela sent un peu sa comédie : mais avec lui on peut hasarder toute chose, il n'y faut point chercher tant de façons ; il est homme à y jouer son rôle à merveille, et à donner aisément dans toutes les fariboles qu'on s'avisera de lui dire. J'ai les acteurs, j'ai les habits tout prêts ; laissez-moi faire seulement.

CLÉONTE.

Mais apprends-moi...

COVIELLE.

Je vais vous instruire de tout. Retirons-nous ; le voilà qui revient.

SCÈNE XV.

M. JOURDAIN.

Que diable est-ce là ? ils n'ont rien que les grands seigneurs à me reprocher ; et moi, je ne vois rien de si beau que de hanter les grands seigneurs ; il n'y a qu'honneur et civilité avec eux ; et je voudrois qu'il m'eût coûté deux doigts de la main, et être né comte ou marquis.

SCÈNE XVI.

M. JOURDAIN, UN LAQUAIS.

LE LAQUAIS.

Monsieur, voici monsieur le comte, et une dame qu'il mène par la main.

M. JOURDAIN.

Hé! mon dieu! j'ai quelques ordres à donner. Dis-leur que je vais venir ici tout à l'heure

SCÈNE XVII.

DORIMÈNE, DORANTE, UN LAQUAIS.

LE LAQUAIS.

Monsieur dit comme cela qu'il va venir ici tout à l'heure.

DORANTE.

Voilà qui est bien.

SCÈNE XVIII.

DORIMÈNE, DORANTE.

DORIMÈNE.

Je ne sais pas, Dorante; je fais encore ici une étrange démarche, de me laisser amener par vous dans une maison où je ne connois personne.

DORANTE.

Quel lieu voulez-vous donc, madame, que mon amour choisisse pour vous régaler, puisque, pour fuir l'éclat, vous ne voulez ni votre maison ni la mienne?

DORIMÈNE.

Mais vous ne dites pas que je m'engage insensiblement chaque jour à recevoir de trop grands témoignages de votre passion. J'ai beau me défendre des choses, vous fatiguez ma résistance, et vous avez une civile opiniâtreté qui me fait venir doucement à tout ce qu'il vous plaît. Les visites fréquentes ont commencé; les déclarations sont venues ensuite, qui, après elles, ont traîné les sérénades et les cadeaux, que les présents ont suivis. Je me suis opposée à tout cela; mais vous ne vous rebutez point, et, pied à pied, vous gagnez mes résolutions. Pour moi, je ne puis plus répondre de rien; et je crois qu'à la fin vous me ferez venir au mariage, dont je me suis tant éloignée.

DORANTE.

Ma foi, madame, vous y devriez déjà être. Vous êtes veuve, et ne dépendez que de vous; je suis maître de moi, et vous aime plus que ma vie: à quoi tient-il que, dès aujourd'hui, vous ne fassiez tout mon bonheur?

DORIMÈNE.

Mon dieu! Dorante, il faut des deux parts bien des qualités pour vivre heureusement ensemble; et les deux plus raisonnables personnes du monde ont souvent peine à composer une union dont ils soient satisfaits.

ACTE III, SCÈNE XVIII.

DORANTE.

Vous vous moquez, madame, de vous y figurer tant de difficultés; et l'expérience que vous avez faite ne conclut rien pour tous les autres.

DORIMÈNE.

Enfin, j'en reviens toujours là. Les dépenses que je vous vois faire pour moi m'inquiètent par deux raisons : l'une, qu'elles m'engagent plus que je ne voudrois; et l'autre, que je suis sûre, sans vous déplaire, que vous ne les faites point que vous ne vous incommodiez; et je ne veux point cela.

DORANTE.

Ah! madame, ce sont des bagatelles; et ce n'est pas par-là...

DORIMÈNE.

Je sais ce que je dis; et, entre autres, le diamant que vous m'avez forcée à prendre est d'un prix...

DORANTE.

Hé! madame, de grace! ne faites point tant valoir une chose que mon amour trouve indigne de vous; et souffrez... Voici le maître du logis.

SCÈNE XIX.

M. JOURDAIN, DORIMÈNE, DORANTE.

M. JOURDAIN, *après avoir fait deux révérences, se trouvant trop près de Dorimène.*

Un peu plus loin, madame.

DORIMÈNE.

Comment ?

M. JOURDAIN.

Un pas, s'il vous plaît.

DORIMÈNE.

Quoi donc ?

M. JOURDAIN.

Reculez un peu pour la troisième.

DORANTE.

Madame, monsieur Jourdain sait son monde.

M. JOURDAIN.

Madame, ce m'est une gloire bien grande de me voir assez fortuné pour être si heureux que d'avoir le bonheur que vous ayez eu la bonté de m'accorder la grace de me faire l'honneur de m'honorer de la faveur de votre présence; et, si j'avois aussi le mérite pour mériter un mérite comme le vôtre, et que le ciel... envieux de mon bien.. m'eût accordé... l'avantage de me voir digne... des...

DORANTE.

Monsieur Jourdain, en voilà assez. Madame n'aime pas les grands compliments; et elle sait que vous êtes homme d'esprit. (*bas, à Dorimène.*) C'est un bon bourgeois assez ridicule, comme vous voyez, dans toutes ses manières.

DORIMÈNE, *bas, à Dorante.*

Il n'est pas malaisé de s'en apercevoir

DORANTE.

Madame, voilà le meilleur de mes amis.

ACTE III, SCÈNE XIX.

M. JOURDAIN.

C'est trop d'honneur que vous me faites.

DORANTE.

Galant homme tout-à-fait.

DORIMÈNE.

J'ai beaucoup d'estime pour lui.

M. JOURDAIN.

Je n'ai rien fait encore, madame, pour mériter cette grace.

DORANTE, *bas, à M. Jourdain.*

Prenez bien garde au moins à ne lui point parler du diamant que vous lui avez donné.

M. JOURDAIN, *bas, à Dorante.*

Ne pourrai-je pas seulement lui demander comment elle le trouve?

DORANTE, *bas, à M. Jourdain.*

Comment! gardez-vous-en bien. Cela seroit vilain à vous; et, pour agir en galant homme, il faut que vous fassiez comme si ce n'étoit pas vous qui lui eussiez fait ce présent. (*haut.*) M. Jourdain, madame, dit qu'il est ravi de vous voir chez lui.

DORIMÈNE.

Il m'honore beaucoup.

M. JOURDAIN, *bas, à Dorante.*

Que je vous suis obligé, monsieur, de lui parler ainsi pour moi!

DORANTE, *bas, à M. Jourdain.*

J'ai eu une peine effroyable à la faire venir ici.

M. JOURDAIN, *bas, à Dorante.*

Je ne sais quelles graces vous en rendre.

DORANTE.

Il dit, madame, qu'il vous trouve la plus belle personne du monde.

DORIMÈNE.

C'est bien de la grace qu'il me fait.

M. JOURDAIN.

Madame, c'est vous qui faites les graces, et...

DORANTE.

Songeons à manger.

SCÈNE XX.

M. JOURDAIN, DORIMÈNE, DORANTE, UN LAQUAIS.

LE LAQUAIS, *à M. Jourdain.*

Tout est prêt, monsieur.

DORANTE.

Allons donc nous mettre à table; et qu'on fasse venir les musiciens.

SCÈNE XXI.

ENTRÉE DE BALLET.

(Six cuisiniers, qui ont préparé le festin, dansent ensemble; après quoi ils apportent une table couverte de plusieurs mets.)

FIN DU TROISIÈME ACTE.

ACTE QUATRIÈME.

SCÈNE I

DORIMÈNE, M. JOURDAIN, DORANTE, TROIS MUSICIENS, UN LAQUAIS.

DORIMÈNE.

Comment! Dorante, voilà un repas tout-à-fait magnifique!

M. JOURDAIN.

Vous vous moquez, madame; et je voudrois qu'il fût plus digne de vous être offert.
(Dorimène, monsieur Jourdain, Dorante, et les trois musiciens, se mettent à table.)

DORANTE.

Monsieur Jourdain a raison, madame, de parler de la sorte; et il m'oblige de vous faire si bien les honneurs de chez lui. Je demeure d'accord avec lui que le repas n'est pas digne de vous. Comme c'est moi qui l'ai ordonné, et que je n'ai pas, sur cette matière, les lumières de nos amis, vous n'avez pas ici un repas fort savant, et vous y trouverez des incongruités de bonne chère et des barbarismes de bon goût. Si Damis s'en étoit mêlé, tout seroit dans les règles; il y auroit par-tout de l'élégance et de l'érudition : et il ne manqueroit pas de vous exagérer lui-même toutes les pièces du repas qu'il vous donneroit, et de vous faire tomber d'accord de sa haute capacité dans la science des bons morceaux ; de vous parler d'un pain de rive à biseau doré, relevé de croûte par-tout, croquant tendrement sous la dent ; d'un vin à sève veloutée, armé d'un vert qui n'est point trop commandant ; d'un carré de mouton gourmandé de persil ; d'une longe de veau de rivière, longue comme cela, blanche, délicate, et qui, sous les dents, est une vraie pâte d'amande ; de perdrix relevées d'un fumet surprenant ; et pour son opéra, d'une soupe à bouillon perlé, soutenue d'un jeune gros dindon, cantonnée de pigeonneaux, et couronnée d'oignons blancs mariés avec la chicorée. Mais, pour moi ! je vous avoue mon ignorance ; et, comme M. Jourdain a fort bien dit, je voudrois que le repas fût plus digne de vous être offert.

DORIMÈNE.

Je ne réponds à ce compliment qu'en mangeant comme je fais.

M. JOURDAIN.

Ah ! que voilà de belles mains !

DORIMÈNE.

Les mains sont médiocres, M. Jourdain ; mais vous voulez parler du diamant, qui est fort beau.

M. JOURDAIN.

Moi, madame, dieu me garde d'en vouloir parler ! Ce ne seroit pas agir en galant homme ; et le diamant est fort peu de chose.

ACTE IV, SCÈNE I.

DORIMÈNE.

Vous êtes bien dégoûté.

M. JOURDAIN.

Vous avez trop de bonté...

DORANTE, *après avoir fait signe à M. Jourdain.*

Allons, qu'on donne du vin à monsieur Jourdain, et à ces messieurs, qui nous feront la grace de nous chanter un air à boire.

DORIMÈNE.

C'est merveilleusement assaisonner la bonne chère, que d'y mêler la musique; et je me vois ici admirablement régalée.

M. JOURDAIN.

Madame, ce n'est pas...

DORANTE.

Monsieur Jourdain, prêtons silence à ces messieurs; ce qu'ils nous diront vaudra mieux que tout ce que nous pourrions dire.

PREMIER ET SECOND MUSICIENS *ensemble, un verre à la main.*

Un petit doigt, Philis, pour commencer le tour.
Ah! qu'un verre en vos mains a d'agréables charmes!
 Vous et le vin, vous vous prêtez des armes,
Et je sens pour tous deux redoubler mon amour.
Entre lui, vous et moi, jurons, jurons, ma belle,
  Une ardeur éternelle.
Qu'en mouillant votre bouche il en reçoit d'attraits!
Et que l'on voit par lui votre bouche embellie!
 Ah! l'un de l'autre ils me donnent envie;

Et de vous et de lui je m'enivre à longs traits.
Entre lui, vous et moi, jurons, jurons, ma belle,
  Une ardeur éternelle.

SECOND ET TROISIÈME MUSICIENS *ensemble.*

  Buvons, chers amis, buvons ;
  Le temps qui fuit nous y convie.
   Profitons de la vie
   Autant que nous pouvons.
  Quand on a passé l'onde noire,
  Adieu le bon vin, nos amours.
   Dépêchons-nous de boire,
   On ne boit pas toujours.
  Laissons raisonner les sots
  Sur le vrai bonheur de la vie ;
   Notre philosophie
   Le met parmi les pots.
  Les biens, le savoir et la gloire
  N'ôtent point les soucis fâcheux,
   Et ce n'est qu'à bien boire
   Que l'on peut être heureux.

TOUS TROIS ENSEMBLE.

Sus, sus, du vin par-tout ; versez, garçon, versez ;
Versez, versez toujours, tant qu'on vous dise assez.

DORIMÈNE.

Je ne crois pas qu'on puisse mieux chanter ; et cela est tout-à-fait beau.

M. JOURDAIN.

Je vois encore ici, madame, quelque chose de plus beau.

DORIMÈNE.

Ouais, monsieur Jourdain est galant plus que je ne pensois.

DORANTE.

Comment! madame, pour qui prenez-vous monsieur Jourdain?

M. JOURDAIN.

Je voudrois bien qu'elle me prît pour ce que je dirois.

DORIMÈNE.

Encore !

DORANTE, à Dorimène.

Vous ne le connoissez pas.

M. JOURDAIN.

Elle me connoîtra quand il lui plaira.

DORIMÈNE.

Oh! je le quitte.

DORANTE.

Il est homme qui a toujours la riposte en main. Mais vous ne voyez pas que monsieur Jourdain, madame, mange tous les morceaux que vous avez touchés.

DORIMÈNE.

Monsieur Jourdain est un homme qui me ravit.

M. JOURDAIN.

Si je pouvois ravir votre cœur, je serois

CÈNE II.

MADAME JOURDAIN, M. JOURDAIN, DORIMÈNE, DORANTE, MUSICIENS, LAQUAIS.

MADAME JOURDAIN.

Ah! ah! je trouve ici bonne compagnie, et je

vois bien qu'on ne m'y attendoit pas. C'est donc pour cette belle affaire-ci, monsieur mon mari, que vous avez eu tant d'empressement à m'envoyer dîner chez ma sœur! Je viens de voir un théâtre là-bas, et je vois ici un banquet à faire noces. Voilà comme vous dépensez votre bien! c'est ainsi que vous festinez les dames en mon absence, et que vous leur donnez la musique et la comédie, tandis que vous m'envoyez promener!

DORANTE.

Que voulez-vous dire, madame Jourdain? et quelles fantaisies sont les vôtres, de vous aller mettre en tête que votre mari dépense son bien et que c'est lui qui donne ce régal à madame? Apprenez que c'est moi, je vous prie; qu'il ne fait seulement que me prêter sa maison; et que vous devriez un peu mieux regarder aux choses que vous dites.

M. JOURDAIN.

Oui, impertinente, c'est monsieur le comte qui donne tout ceci à madame, qui est une personne de qualité. Il me fait l'honneur de prendre ma maison, et de vouloir que je sois avec lui.

MADAME JOURDAIN.

Ce sont des chansons que cela, je sais ce que je sais.

DORANTE.

Prenez, madame Jourdain, prenez de meilleures lunettes.

MADAME JOURDAIN.

Je n'ai que faire de lunettes, monsieur, et je

vois assez clair; il y a long-temps que je sens les choses et je ne suis pas une bête. Cela est fort vilain à vous, pour un grand seigneur, de prêter la main, comme vous faites, aux sottises de mon mari. Et vous, madame, pour une grande dame, cela n'est ni beau ni honnête à vous de mettre la dissension dans un ménage, et de souffrir que mon mari soit amoureux de vous.

DORIMÈNE.

Que veut donc dire tout ceci? Allez, Dorante, vous vous moquez de m'exposer aux sottes visions de cette extravagante.

DORANTE, *suivant Dorimène qui sort.*
Madame, holà! madame, où courez-vous?

M. JOURDAIN.

Madame... Monsieur le comte, faites-lui mes excuses, et tâchez de la ramener.

SCÈNE III.

MADAME JOURDAIN, M. JOURDAIN, LAQUAIS.

M. JOURDAIN.

Ah! impertinente que vous êtes, voilà de vos beaux faits! vous me venez faire des affronts devant tout le monde; et vous chassez de chez moi des personnes de qualité.

MADAME JOURDAIN.
Je me moque de leur qualité.

M. JOURDAIN.

Je ne sais qui me tient, maudite, que je ne vous fende la tête avec les pièces du repas que vous êtes venue troubler.

(Les laquais emportent la table.)

MADAME JOURDAIN, *sortant.*

Je me moque de cela : ce sont mes droits que je défends; et j'aurai pour moi toutes les femmes.

M. JOURDAIN.

Vous faites bien d'éviter ma colère.

SCÈNE IV.

M. JOURDAIN.

ELLE est arrivée là bien malheureusement! j'étois en humeur de dire de jolies choses, et jamais je ne m'étois senti tant d'esprit.

Qu'est-ce que c'est que cela?

SCÈNE V.

M. JOURDAIN; COVIELLE, *déguisé.*

COVIELLE.

MONSIEUR, je ne sais pas si j'ai l'honneur d'être connu de vous.

M. JOURDAIN.

Non, monsieur.

COVIELLE, *étendant la main à un pied de terre.*

Je vous ai vu que vous n'étiez pas plus grand que cela

ACTE IV, SCÈNE V.

M. JOURDAIN.

Moi ?

COVIELLE.

Oui. Vous étiez le plus bel enfant du monde, et toutes les dames vous prenoient dans leurs bras pour vous baiser.

M. JOURDAIN.

Pour me baiser ?

COVIELLE.

Oui. J'étois grand ami de feu monsieur votre père.

M. JOURDAIN.

De feu monsieur mon père ?

COVIELLE.

Oui. C'étoit un fort honnête gentilhomme.

M. JOURDAIN.

Comment dites-vous ?

COVIELLE.

Je dis que c'étoit un fort honnête gentilhomme.

M. JOURDAIN.

Mon père ?

COVIELLE.

Oui.

M. JOURDAIN.

Vous l'avez fort connu ?

COVIELLE.

Assurément.

M. JOURDAIN.

Et vous l'avez connu pour gentilhomme ?

COVIELLE.

Sans doute.

M. JOURDAIN.

Je ne sais donc pas comment le monde est fait.

COVIELLE.

Comment?

M. JOURDAIN.

Il y a de sottes gens qui me veulent dire qu'il a été marchand.

COVIELLE.

Lui, marchand? c'est pure médisance, il ne l'a jamais été. Tout ce qu'il faisoit, c'est qu'il étoit fort obligeant, fort officieux; et, comme il se connoissoit fort bien en étoffes, il en alloit choisir de tous les côtés, les faisoit apporter chez lui, et en donnoit à ses amis pour de l'argent.

M. JOURDAIN.

Je suis ravi de vous connoître, afin que vous rendiez ce témoignage-là, que mon père étoit gentilhomme.

COVIELLE.

Je le soutiendrai devant tout le monde.

M. JOURDAIN.

Vous m'obligerez. Quel sujet vous amène?

COVIELLE.

Depuis avoir connu feu monsieur votre père, honnête gentilhomme, comme je vous ai dit, j'ai voyagé par tout le monde.

M. JOURDAIN.

Par tout le monde?

COVIELLE.

Oui.

M. JOURDAIN.

Je pense qu'il y a bien loin en ce pays-là.

COVIELLE.

Assurément. Je ne suis revenu de tous mes longs voyages que depuis quatre jours; et, par l'intérêt que je prends à tout ce qui vous touche, je viens vous annoncer la meilleure nouvelle du monde.

M. JOURDAIN.

Quelle?

COVIELLE.

Vous savez que le fils du grand Turc est ici?

M. JOURDAIN.

Moi? non.

COVIELLE.

Comment! il a un train tout-à-fait magnifique; tout le monde le va voir, et il a été reçu en ce pays comme un seigneur d'importance.

M. JOURDAIN.

Par ma foi, je ne savois pas cela.

COVIELLE.

Ce qu'il y a d'avantageux pour vous, c'est qu'il est amoureux de votre fille.

M. JOURDAIN.

Le fils du grand Turc?

COVIELLE.

Oui; et il veut être votre gendre.

M. JOURDAIN.

Mon gendre, le fils du grand Turc?

COVIELLE.

Le fils du grand Turc votre gendre. Comme je le fus voir, et que j'entends parfaitement sa langue, il s'entretint avec moi; et, après quelques autres discours, il me dit: *Acciam croc soler onch alla moustaphgidélum amanahem varahini oussere carbulath.* C'est-à-dire: N'as-tu point vu une jeune belle personne, qui est la fille de monsieur Jourdain, gentilhomme parisien?

M. JOURDAIN.

Le fils du grand Turc dit cela de moi?

COVIELLE.

Oui. Comme je lui eus répondu que je vous connoissois particulièrement, et que j'avois vu votre fille! *Ah!* me dit-il, *marababa sahem!* C'est-à-dire: Ah! que je suis amoureux d'elle!

M. JOURDAIN.

Marababa sahem veut dire, Ah! que je suis amoureux d'elle?

COVIELLE.

Oui.

M. JOURDAIN.

Par ma foi, vous faites bien de me le dire, car, pour moi, je n'aurois jamais cru que *marababa sahem* eût voulu dire, Ah! que je suis amoureux d'elle! Voilà une langue admirable que ce turc!

COVIELLE.

Plus admirable qu'on ne peut croire. Savez-vous bien ce que veut dire *cacaracamouchen*?

M. JOURDAIN.

Cacaracamouchen? non.

COVIELLE.

C'est-à-dire, ma chère ame.

M. JOURDAIN.

Cacaracamouchen veut dire ma chère ame?

COVIELLE.

Oui.

M. JOURDAIN.

Voilà qui est merveilleux! *Cacaracamouchen*, ma chère ame! Diroit-on jamais cela? Voilà qui me confond.

COVIELLE.

Enfin, pour achever mon ambassade, il vient vous demander votre fille en mariage; et, pour avoir un beau-père qui soit digne de lui, il veut vous faire *mamamouchi,* qui est une certaine grande dignité de son pays.

M. JOURDAIN.

Mamamouchi?

COVIELLE.

Oui, *mamamouchi :* c'est-à-dire, en notre langue, paladin. Paladin, ce sont de ces anciens... Paladin enfin. Il n'y a rien de plus noble que cela dans le monde; et vous irez de pair avec les plus grands seigneurs de la terre.

M. JOURDAIN.

Le fils du grand Turc m'honore beaucoup; et je vous prie de me mener chez lui pour lui en faire mes remercîments.

COVIELLE.

Comment! le voilà qui va venir ici.

M. JOURDAIN.

Il va venir ici?

COVIELLE.

Oui; et il amène toutes choses pour la cérémonie de votre dignité.

M. JOURDAIN.

Voilà qui est bien prompt.

COVIELLE.

Son amour ne peut souffrir aucun retardement.

M. JOURDAIN.

Tout ce qui m'embarrasse ici, c'est que ma fille est une opiniâtre, qui s'est allée mettre dans la tête un certain Cléonte; et elle jure de n'épouser personne que celui-là.

COVIELLE.

Elle changera de sentiment, quand elle verra le fils du grand Turc; et puis il se rencontre ici une aventure merveilleuse, c'est que le fils du grand Turc ressemble à ce Cléonte, à peu de chose près. Je viens de le voir, on me l'a montré; et l'amour qu'elle a pour l'un pourra passer aisément à l'autre, et... Je l'entends venir; le voilà.

SCÈNE VI.

CLÉONTE, en Turc; TROIS PAGES, portant la veste de Cléonte; M. JOURDAIN, COVIELLE.

CLÉONTE.

Ambousahim oqui boraf, Giourdina, salama léqui!

COVIELLE, à M. Jourdain.

C'est-à-dire : Monsieur Jourdain, votre cœur soit toute l'année comme un rosier fleuri! Ce sont façons de parler obligeantes de ces pays-là.

M. JOURDAIN.

Je suis très humble serviteur de son altesse turque.

COVIELLE.

Carigar camboto oustin moraf.

CLÉONTE.

Oustin yoc catamaléqui basum base alla moram!

COVIELLE.

Il dit : Que le ciel vous donne la force des lions et la prudence des serpents!

M. JOURDAIN.

Son altesse turque m'honore trop; et je lui souhaite toutes sortes de prospérités.

COVIELLE.

Ossa binamen sadoc baballi oracaf ouram.

CLÉONTE.

Bel-men.

COVIELLE.

Il dit que vous alliez vite avec lui vous préparer pour la cérémonie, afin de voir ensuite votre fille, et de conclure le mariage.

M. JOURDAIN.

Tant de choses en deux mots?

COVIELLE.

Oui. La langue turque est comme cela, elle dit beaucoup en peu de paroles. Allez vite où il souhaite.

SCÈNE VII.

COVIELLE.

Ah! ah! ah! ma foi, cela est tout-à-fait drôle. Quelle dupe! Quand il auroit appris son rôle par cœur, il ne pourroit pas le mieux jouer. Ah! ah!

SCÈNE VIII.

DORANTE, COVIELLE.

COVIELLE.

Je vous prie, monsieur, de nous vouloir aider céans dans une affaire qui s'y passe.

DORANTE.

Ah! ah! Covielle, qui t'auroit reconnu? Comme te voilà ajusté!

COVIELLE.

Vous voyez. Ah! ah! ah!

DORANTE.

De quoi ris-tu?

ACTE IV, SCÈNE VIII.

COVIELLE.

D'une chose, monsieur, qui le mérite bien.

DORANTE.

Comment ?

COVIELLE.

Je vous le donnerois en bien des fois, monsieur, à deviner le stratagème dont nous nous servons auprès de M. Jourdain, pour porter son esprit à donner sa fille à mon maître.

DORANTE.

Je ne devine point le stratagème ; mais je devine qu'il ne manquera pas de faire son effet puisque tu l'entreprends.

COVIELLE.

Je sais, monsieur, que la bête vous est connue.

DORANTE.

Apprends-moi ce que c'est.

COVIELLE.

Prenez la peine de vous tirer un peu plus loin, pour faire place à ce que j'aperçois venir. Vous pourrez voir une partie de l'histoire, tandis que je vous conterai le reste.

SCÈNE IX.

CÉRÉMONIE TURQUE.

LE MUPHTI; DERVIS, TURCS assistants du muphti, chantants et dansants.

PREMIÈRE ENTRÉE DE BALLET.

(Six Turcs entrent gravement, deux à deux, au son des instruments. Ils portent trois tapis qu'ils lèvent fort haut, après en avoir fait, en dansant, plusieurs figures Les Turcs chantants passent par-dessous ces tapis pour s'aller ranger aux deux côtés du théâtre. Le muphti, accompagné des dervis, ferme cette marche.)

(Alors les Turcs étendent les tapis par terre, et se mettent dessus à genoux. Le muphti et les dervis restent debout au milieu d'eux; et pendant que le muphti invoque Mahomet en faisant beaucoup de contorsions et de grimaces sans proférer une seule parole, les Turcs assistants se prosternent jusqu'à terre, en chantant *alli*, lèvent les bras au ciel en chantant *alla*, ce qu'ils continuent jusqu'à la fin de l'invocation, après laquelle ils se lèvent tous chantant *alla ekber*; et deux dervis vont chercher M. Jourdain.)

SCÈNE X.

LE MUPHTI; DERVIS, TURCS, chantants et dansants; M. JOURDAIN, vêtu à la turque, la tête rasée, sans turban et sans sabre.

LE MUPHTI, à M. Jourdain.
Sé ti sabir,
Ti respondir;

ACTE IV, SCÈNE X.

Sé non sabir,
Tazir, tazir.

Mi star muphti;
Ti qui star ti?
Non intendir;
Tazir, tazir.

(Deux dervis font retirer M. Jourdain.)

SCÈNE XI.

LE MUPHTI; DERVIS, TURCS, *chantants et dansants.*

LE MUPHTI.

Dice, Turqué, qui star quista.
Anabatista? anabatista?

LES TURCS.

Ioc.

LE MUPHTI.

Zuinglista?

LES TURCS.

Ioc.

LE MUPHTI.

Coffita?

LES TURCS.

Ioc.

LE MUPHTI.

Hussita? Morista? Fronista?

LES TURCS.

Ioc, ioc, ioc.

LE MUPHTI.

Ioc, ioc, ioc. Star pagana?

LES TURCS.

Ioc.

LE MUPHTI.

Lutérana ?

LES TURCS.

Ioc.

LE MUPHTI.

Puritana ?

LES TURCS.

Ioc.

LE MUPHTI.

Bramina ? Moffina ? Zurina ?

LES TURCS.

Ioc, ioc, ioc.

LE MUPHTI.

Ioc, ioc, ioc. Mahamétana ? mahamétana ?

LES TURCS.

Hi valla, Hi valla.

LE MUPHTI.

Como chamara ? Como chamara ?

LES TURCS.

Giourdina, Giourdina.

LE MUPHTI, *sautant*.

Giourdina, Giourdina.

LES TURCS.

Giourdina, Giourdina.

LE MUPHTI.

Mahaméta, per Giourdina,
Mi prégar, séra é matina.
Voler far un paladina
De Giourdina, de Giourdina,
Dar turbanta é dar scarrina,

Con galéra é brigantina,
Per deffender Palestina.
Mahaméta, per Giourdina,
Mi prégar, séra é matina.

(aux Turcs.)

Star bon Turca Giourdina?

LES TURCS.

Hi valla. Hi valla.

LE MUPHTI, *chantant et dansant.*

Ha la ba, ba la chou, ba la ba, ba la da.

LES TURCS.

Ha la ba, ba la chou, ba la ba, ba la da.

SCÈNE XII.

TURCS *chantants et dansants.*

DEUXIÈME ENTRÉE DE BALLET.

SCÈNE XIII.

LE MUPHTI, DERVIS, M. JOURDAIN; TURCS
chantants et dansants.

(Le muphti revient coiffé avec son turban de cérémonie, qui est d'une grosseur démesurée, et garni de bougies allumées à quatre ou cinq rangs; il est accompagné de deux dervis qui portent l'alcoran, et qui ont des bonnets pointus, garnis aussi de bougies allumées.)

(Les deux autres dervis amènent M. Jourdain, et le font mettre à genoux les mains par terre, de façon que son dos, sur lequel est mis l'alcoran, sert de pupitre au muphti, qui fait une seconde invocation burlesque, fronçant le sourcil, frappant de temps en temps sur l'alcoran, et tournant les feuillets avec précipitation ; après quoi, en levant les bras au ciel, le muphti crie à haute voix, *hou.*)

(Pendant cette seconde invocation, les Turcs assistants, s'inclinant et se relevant alternativement, chantent aussi, *hou, hou, hou.*)

M. JOURDAIN, *après qu'on lui a ôté l'alcoran de dessus le dos.*

Ouf.

LE MUPHTI, *à M. Jourdain.*

Ti non star furba ?

LES TURCS.

No, no, no.

LE MUPHTI.

Non star forfanta ?

LES TURCS.

No, no, no.

LE MUPHTI, *aux Turcs.*

Donar turbanta.

LES TURCS.

Ti non star furba ?
No, no, no.
Non star forfanta ?
No, no, no.
Donar turbanta.

ACTE IV, SCÈNE XIII.

TROISIÈME ENTRÉE DE BALLET.

(Les Turcs dansants mettent le turban sur la tête de M. Jourdain au son des instruments.)

LE MUPHTI, *donnant le sabre à M. Jourdain.*
Ti star nobile, non star fabbola.
Pigliar schiabbola.
LES TURCS, *mettant le sabre à la main.*
Ti star nobile, non star fabbola.
Pigliar schiabbola.

QUATRIÈME ENTRÉE DE BALLET.

(Les Turcs dansants donnent, en cadence, plusieurs coups de sabre à M. Jourdain.

LE MUPHTI.
Dara, dara
Bastonnara.
LES TURCS.
Dara, dara
Bastonnara.

CINQUIÈME ENTRÉE DE BALLET.

(Les Turcs dansants donnent à M. Jourdain des coups de bâton en cadence.)

LE MUPHTI.
Non tener honta,
Questa star l'ultima affronta.
LES TURCS.
Non tener honta,
Questa star l'ultima affronta.

(Le muphti commence une troisième invocation. Les dervis le soutiennent par-dessous les bras avec respect; après quoi les Turcs chantants et dansants, sautant autour du muphti, se retirent avec lui et emmènent M. Jourdain.)

FIN DU QUATRIÈME ACTE.

ACTE CINQUIÈME.

SCÈNE I.

MADAME JOURDAIN, M. JOURDAIN.

MADAME JOURDAIN.

Ah! mon dieu! miséricorde! Qu'est-ce que c'est donc que cela? quelle figure! Est-ce un momon que vous allez porter? Est-il temps d'aller en masque? Parlez donc, et qu'est-ce que c'est que ceci? Qui vous a fagoté comme cela?

M. JOURDAIN.

Voyez l'impertinente, de parler de la sorte à un *mamamouchi*?

MADAME JOURDAIN.

Comment donc?

M. JOURDAIN.

Oui, il me faut porter du respect maintenant, et l'on vient de me faire *mamamouchi*.

MADAME JOURDAIN.

Que voulez-vous dire avec votre *mamamouchi*?

M. JOURDAIN.

Mamamouchi, vous dis-je. Je suis *mamamouchi*.

MADAME JOURDAIN.

Quelle bête est-ce là?

LE BOURGEOIS GENTILHOMME.

M. JOURDAIN.

Mamamouchi, c'est-à-dire en notre langue *paladin*.

MADAME JOURDAIN.

Baladin ? Êtes-vous en âge de danser des ballets ?

M. JOURDAIN.

Quelle ignorante ! je dis paladin ; c'est une dignité dont on vient de me faire la cérémonie.

MADAME JOURDAIN.

Quelle cérémonie donc ?

M. JOURDAIN.

Mahaméta per Giourdina.

MADAME JOURDAIN.

Qu'est-ce que cela veut dire ?

M. JOURDAIN.

Giourdina, c'est-à-dire Jourdain.

MADAME JOURDAIN.

Hé bien, quoi, Jourdain ?

M. JOURDAIN.

Voler far un paladina dé Giourdina.

MADAME JOURDAIN.

Comment ?

M. JOURDAIN.

Dar turbanta con galéra

MADAME JOURDAIN.

Qu'est-ce à dire cela ?

M. JOURDAIN.

Per deffender Palestina.

ACTE V, SCÈNE I.

MADAME JOURDAIN.

Que voulez-vous donc dire?

M. JOURDAIN.

Dara, dara bastonnara.

MADAME JOURDAIN.

Qu'est-ce donc que ce jargon-là?

M. JOURDAIN.

Non tener honta, questa star l'ultima affronta.

MADAME JOURDAIN.

Qu'est-ce donc que tout cela?

M. JOURDAIN, *chantant et dansant.*

Hou la ba, ba la chou, ba la ba, ba la da.

(Il tombe par terre.)

MADAME JOURDAIN.

Hélas! mon dieu! mon mari est devenu fou.

M. JOURDAIN, *se relevant et s'en allant.*

Paix, insolente. Portez respect à monsieur le *mamamouchi.*

MADAME JOURDAIN, *seule.*

Où est-ce donc qu'il a perdu l'esprit? Courons l'empêcher de sortir. (*apercevant Dorimène et Dorante.*) Ah! ah! voici justement le reste de notre écu. Je ne vois que chagrins de tous côtés.

SCÈNE II.

DORANTE, DORIMÈNE.

DORANTE.

Oui, madame, vous verrez la plus plaisante chose qu'on puisse voir; et je ne crois pas que dans tout le monde il soit possible de trouver encore un homme aussi fou que celui-là. Et puis, madame, il faut tâcher de servir l'amour de Cléonte, et d'appuyer toute sa mascarade. C'est un fort galant homme et qui mérite que l'on s'intéresse pour lui.

DORIMÈNE.

J'en fais beaucoup de cas, et il est digne d'une bonne fortune.

DORANTE.

Outre cela, nous avons ici, madame, un ballet qui nous revient, que nous ne devons pas laisser perdre ; et il faut bien voir si mon idée pourra réussir.

DORIMÈNE.

J'ai vu là des apprêts magnifiques ; et ce sont des choses, Dorante, que je ne puis plus souffrir. Oui, je veux enfin vous empêcher vos profusions ; et, pour rompre le cours à toutes les dépenses que je vous vois faire pour moi, j'ai résolu de me marier promptement avec vous. C'en est le vrai secret ; et toutes ces choses finissent avec le mariage.

DORANTE.

Ah ! madame, est-il possible que vous ayez pu prendre pour moi une si douce résolution !

DORIMÈNE.

Ce n'est que pour vous empêcher de vous ruiner ; et, sans cela, je vois bien qu'avant qu'il fût peu vous n'auriez pas un sou.

DORANTE.

Que j'ai d'obligation, madame, aux soins que

vous avez de conserver mon bien ! Il est entièrement à vous, aussi-bien que mon cœur; et vous en userez de la façon qu'il vous plaira.

DORIMÈNE.

J'userai bien de tous les deux. Mais voici votre homme; la figure en est admirable.

SCÈNE III.

M. JOURDAIN, DORIMÈNE, DORANTE.

DORANTE.

Monsieur, nous venons rendre hommage, madame et moi, à votre nouvelle dignité, et nous réjouir avec vous du mariage que vous faites de votre fille avec le fils du grand Turc.

M. JOURDAIN, *après avoir fait les révérences à la turque.*

Monsieur, je vous souhaite la force des serpents et la prudence des lions.

DORIMÈNE.

J'ai été bien aise d'être des premières, monsieur, à venir vous féliciter du haut degré de gloire où vous êtes monté.

M. JOURDAIN.

Madame, je vous souhaite toute l'année votre rosier fleuri. Je vous suis infiniment obligé de prendre part aux honneurs qui m'arrivent; et j'ai beaucoup de joie de vous voir revenue ici, pour vous faire les très humbles excuses de l'extravagance de ma femme.

DORIMÈNE.

Cela n'est rien, j'excuse en elle un pareil mouvement : votre cœur lui doit être précieux, et il n'est pas étrange que la possession d'un homme comme vous puisse inspirer quelques alarmes.

M. JOURDAIN.

La possession de mon cœur est une chose qui vous est tout acquise.

DORANTE.

Vous voyez, madame, que monsieur Jourdain n'est pas de ces gens que les prospérités aveuglent, et qu'il sait, dans sa grandeur, connoître encore ses amis.

DORIMÈNE.

C'est la marque d'une âme tout-à-fait généreuse.

DORANTE.

Où est donc son altesse turque? Nous voudrions bien, comme vos amis, lui rendre nos devoirs.

M. JOURDAIN.

Le voilà qui vient; et j'ai envoyé quérir ma fille pour lui donner la main.

SCÈNE IV.

M. JOURDAIN, DORIMÈNE, DORANTE, CLÉONTE, *habillé en Turc.*

DORANTE, *à Cléonte.*

Monsieur, nous venons faire la révérence à votre altesse comme amis de monsieur votr beau-père, et l'assurer, avec respect, de nos très humbles services.

M. JOURDAIN.

Où est le truchement, pour lui dire qui vous êtes, et lui faire entendre ce que vous dites? Vous verrez qu'il vous répondra, et il parle turc à merveille. Holà! où diantre est-il allé? (*à Cléonte.*) *Strouf, strif, strof, straf* : monsieur est un *grande séquore, grande séquore, grande séquore*; et madame, une *granda dama, granda dama.* (*voyant qu'il ne se fait point entendre.*) Ah ! (*à Cléonte, montrant Dorante.*) Monsieur, lui *mamamouchi* françois; et madame, *mamamouchi* françoise. Je ne puis pas parler plus clairement. Bon, voici l'interprète.

SCÈNE V.

M. JOURDAIN, DORIMÈNE, DORANTE, CLÉONTE, *habillé en Turc*; COVIELLE, *déguisé*.

M. JOURDAIN.

Où allez-vous donc ? nous ne saurions rien dire sans vous. (*montrant Cléonte.*) Dites-lui un peu que monsieur et madame sont des personnes de grande qualité, qui lui viennent faire la révérence, comme mes amis, et l'assurer de leurs services. (*à Dorimène et à Dorante.*) Vous allez voir comme il va répondre.

COVIELLE.

Alabala crociam acci boram alabamen.

LE BOURGEOIS GENTILHOMME.

CLÉONTE.

Cataléqui tubal ourin soter amalouchan !

M. JOURDAIN, *à Dorimène et à Dorante.*

Voyez-vous ?

COVIELLE.

Il dit : Que la pluie des prospérités arrose en tout temps le jardin de votre famille.

M. JOURDAIN.

Je vous l'avois bien dit qu'il parle turc.

DORANTE.

Cela est admirable.

SCÈNE VI.

LUCILE, CLÉONTE, M. JOURDAIN, DORI-MÈNE, DORANTE, COVIELLE.

M. JOURDAIN.

Venez, ma fille, approchez-vous, et venez donner la main à monsieur, qui vous fait l'honneur de vous demander en mariage.

LUCILE.

Comment, mon père ! comme vous voilà fait ! Est-ce une comédie que vous jouez ?

M. JOURDAIN.

Non, non, ce n'est pas une comédie ; c'est une affaire fort sérieuse, et la plus pleine d'honneur pour vous qui se peut souhaiter. *(montrant Cléonte.)* Voilà le mari que je vous donne.

LUCILE.

A moi, mon père ?

ACTE V, SCÈNE VI.

M. JOURDAIN.

Oui, à vous. Allons, touchez-lui dans la main, et rendez grâce au ciel de votre bonheur.

LUCILE.

Je ne veux point me marier.

M. JOURDAIN.

Je le veux, moi, qui suis votre père.

LUCILE.

Je n'en ferai rien.

M. JOURDAIN.

Ah! que de bruit! Allons, vous dis-je; çà, votre main.

LUCILE.

Non, mon père, je vous l'ai dit, il n'est point de pouvoir qui me puisse obliger à prendre un autre mari que Cléonte; et je me résoudrai plutôt à toutes les extrémités, que de... (*reconnoissant Cléonte.*) Il est vrai que vous êtes mon père, je vous dois entière obéissance; et c'est à vous à disposer de moi selon vos volontés.

M. JOURDAIN.

Ah! je suis ravi de vous voir si promptement revenue dans votre devoir; et voilà qui me plaît d'avoir une fille obéissante.

SCÈNE VII.

MADAME JOURDAIN, CLÉONTE, M. JOUR-
DAIN, LUCILE, DORANTE, DORIMÈNE,
COVIELLE.

MADAME JOURDAIN.

Comment donc ! qu'est-ce que c'est que ceci ? On dit que vous voulez donner votre fille en mariage à un carême-prenant.

M. JOURDAIN.

Voulez-vous vous taire, impertinente ? Vous venez toujours mêler vos extravagances à toutes choses, et il n'y a pas moyen de vous apprendre à être raisonnable.

MADAME JOURDAIN.

C'est vous qu'il n'y a pas moyen de rendre sage, et vous allez de folie en folie. Quel est votre dessein ? et que voulez-vous faire avec cet assemblage ?

M. JOURDAIN.

Je veux marier notre fille avec le fils du grand Turc.

MADAME JOURDAIN.

Avec le fils du grand Turc ?

M. JOURDAIN.

Oui. (*montrant Covielle.*) Faites-lui faire vos compliments par le truchement que voilà.

MADAME JOURDAIN.

Je n'ai que faire du truchement ; et je lui dirai

bien moi-même, à son nez, qu'il n'aura point ma fille.

M. JOURDAIN.

Voulez-vous vous taire, encore une fois?

DORANTE.

Comment! madame Jourdain, vous vous opposez à un bonheur comme celui-là? Vous refusez son altesse turque pour gendre?

MADAME JOURDAIN.

Mon dieu! monsieur, mêlez-vous de vos affaires.

DORIMÈNE.

C'est une grande gloire qui n'est pas à rejeter.

MADAME JOURDAIN.

Madame, je vous prie aussi de ne vous point embarrasser de ce qui ne vous touche pas.

DORANTE.

C'est l'amitié que nous avons pour vous qui nous fait intéresser dans vos avantages.

MADAME JOURDAIN.

Je me passerai bien de votre amitié.

DORANTE.

Voilà votre fille qui consent aux volontés de son père.

MADAME JOURDAIN.

Ma fille consent à épouser un Turc?

DORANTE.

Sans doute.

MADAME JOURDAIN.

Elle peut oublier Cléonte?

DORANTE.

Que ne fait-on pas pour être grande dame ?

MADAME JOURDAIN.

Je l'étranglerois de mes mains, si elle avoit fait un coup comme celui-là.

M. JOURDAIN.

Voilà bien du caquet. Je vous dis que ce mariage-là se fera.

MADAME JOURDAIN.

Je vous dis, moi, qu'il ne se fera point.

M. JOURDAIN.

Ah! que de bruit!

LUCILE.

Ma mère...

MADAME JOURDAIN.

Allez, vous êtes une coquine.

M. JOURDAIN, *à madame Jourdain.*

Quoi! vous la querellez de ce qu'elle m'obéit?

MADAME JOURDAIN.

Oui. Elle est à moi aussi-bien qu'à vous.

COVIELLE, *à madame Jourdain.*

Madame...

MADAME JOURDAIN.

Que me voulez-vous conter, vous ?

COVIELLE.

Un mot.

MADAME JOURDAIN.

Je n'ai que faire de votre mot.

COVIELLE, *à M. Jourdain.*

Monsieur, si elle veut écouter une parole en

votre mari, que nous l'abusons sous ce déguisement, et que c'est Cléonte lui-même qui est le fils du grand Turc ?

MADAME JOURDAIN, *bas, à Covielle.*
Ah ! ah !

COVIELLE, *bas, à madame Jourdain.*
Et moi Covielle, qui suis le truchement ?

MADAME JOURDAIN, *bas, à Covielle.*
Ah ! comme cela, je me rends.

COVIELLE, *bas, à madame Jourdain.*
Ne faites pas semblant de rien.

MADAME JOURDAIN, *haut.*
Oui, voilà qui est fait ; je consens au mariage.

M. JOURDAIN.
Ah ! voilà tout le monde raisonnable. (*à madame Jourdain.*) Vous ne vouliez pas l'écouter. Je savois bien qu'il vous expliqueroit ce que c'est que le fils du grand Turc.

MADAME JOURDAIN.
Il me l'a expliqué comme il faut ; et j'en suis satisfaite. Envoyons querir un notaire.

DORANTE.
C'est fort bien dit. Et afin, madame Jourdain, que vous puissiez avoir l'esprit tout-à-fait content, et que vous perdiez aujourd'hui toute la jalousie que vous pourriez avoir conçue de monsieur votre mari, c'est que nous nous servirons du même notaire pour nous marier, madame et moi.

MADAME JOURDAIN.
Je consens aussi à cela.

particulier, je vous promets de la faire consentir à ce que vous voulez.

MADAME JOURDAIN.

Je n'y consentirai point.

COVIELLE.

Écoutez-moi, seulement.

MADAME JOURDAIN.

Non.

M. JOURDAIN, *à madame Jourdain.*

Écoutez-le.

MADAME JOURDAIN.

Non, je ne veux pas l'écouter.

M. JOURDAIN.

Il vous dira...

MADAME JOURDAIN.

Je ne veux point qu'il me dise rien.

M. JOURDAIN.

Voilà une grande obstination de femme ! Cela vous feroit-il mal de l'entendre ?

COVIELLE.

Ne faites que m'écouter, vous ferez après ce qu'il vous plaira.

MADAME JOURDAIN.

Hé bien, quoi ?

COVIELLE, *bas, à madame Jourdain.*

Il y a une heure, madame, que nous vous faisons signe. Ne voyez-vous pas bien que tout ceci n'est fait que pour nous ajuster aux visions de

ACTE V, SCÈNE VII.

M. JOURDAIN, *bas, à Dorante.*

C'est pour lui faire accroire.

DORANTE, *bas, à M. Jourdain.*

Il faut bien l'amuser avec cette feinte.

M. JOURDAIN, *bas.*

Bon, bon. (*haut.*) Qu'on aille querir le notaire.

DORANTE.

Tandis qu'il viendra, et qu'il dressera les contrats, voyons notre ballet, et donnons-en le divertissement à son altesse turque.

M. JOURDAIN.

C'est fort bien avisé. Allons prendre nos places.

MADAME JOURDAIN.

Et Nicole?

M. JOURDAIN.

Je la donne au truchement; et ma femme, à qui la voudra.

COVIELLE.

Monsieur, je vous remercie. (*à part.*) Si l'on en peut voir un plus fou, je l'irai dire à Rome.

FIN DU CINQUIÈME ACTE.

BALLET DES NATIONS.

PREMIÈRE ENTRÉE.

UN DONNEUR DE LIVRES, *dansant*; IMPORTUNS, *dansants*; DEUX HOMMES *du bel air*, DEUX FEMMES *du bel air*, DEUX GASCONS, UN SUISSE, UN VIEUX BOURGEOIS *babillard*, UNE VIEILLE BOURGEOISE *babillarde*; TROUPE DE SPECTATEURS *chantants*.

CHŒUR DE SPECTATEURS, *au donneur de livres*.

A moi, monsieur, à moi; de grace, à moi, monsieur;
Un livre, s'il vous plait, à votre serviteur.

PREMIER HOMME *du bel air*.

Monsieur, distinguez-nous parmi les gens qui crient:
Quelques livres ici, les dames vous en prient.

SECOND HOMME *du bel air*.

Holà! monsieur; monsieur, ayez la charité
D'en jeter de nôtre côté.

PREMIÈRE FEMME *du bel air*.

Mon dieu! qu'aux personnes bien faites
On sait peu rendre honneur céans!

SECONDE FEMME *du bel air*

Ils n'ont des livres et des bancs
Que pour mesdames les grisettes.

PREMIER GASCON.

Ah! l'homme aux libres, qu'on m'en vaille:
J'ai déjà lé poulmon usé.
Bous boyez qué chacun mé raille,

Et jé suis escandalisé
Dé boir ès mains dé la canaille
Cé qui m'est par bous réfusé.

SECOND GASCON.

Hé! cadédis, monseu, boyez qui l'on put être.
Un libret, jé bous prie, au varon d'Asbarat.
Jé pense, mordi, qué lé fat
N'a pas l'honneur dé mé connoître.

UN SUISSE.

Montsir le donnair de papieir,
Que vuel dir' sti façon de fifre ?
Moi, l'écorchair tout mon gosieir
A crieir,
Sans que je pouvre afoir ein lifre :
Pardi, mon foi, montsir, je pense fous l'être ifre ?
(Le donneur de livres, fatigué par les importuns qu'il trouve toujours sur ses pas, se retire en colère.)

UN VIEUX BOURGEOIS *babillard.*

De tout ceci, franc et net,
Je suis mal satisfait.
Et cela, sans doute, est laid
Que notre fille,
Si bien faite et si gentille,
De tant d'amoureux l'objet,
N'ait pas à son souhait
Un livre de ballet,
Pour lire le sujet
Du divertissement qu'on fait;
Et que toute notre famille
Si proprement s'habille
Pour être placée au sommet

De la salle, où l'on met
Les gens de l'intrigue.
De tout ceci, franc et net,
Je suis mal satisfait;
Et cela, sans doute, est laid.

UNE VIEILLE BOURGEOISE *babillarde.*

Il est vrai que c'est une honte,
Le sang au visage me monte;
Et ce jeteur de vers, qui manque au capital,
L'entend fort mal.
C'est un brutal,
Un vrai cheval,
Franc animal,
De faire si peu de compte
D'une fille qui fait l'ornement principal
Du quartier du Palais-Royal,
Et que ces jours passés un comte
Fut prendre la première au bal.
Il l'entend mal:
C'est un brutal,
Un vrai cheval,
Franc animal.

HOMMES *du bel air.*

Ah! quel bruit!

FEMMES *du bel air.*

Quel fracas! quel chaos! quel mélange?

HOMMES *du bel air.*

Quelle confusion! quelle cohue étrange!
Quel désordre! Quel embarras!

PREMIÈRE FEMME *du bel air.*

On y sèche,

BALLET DES NATIONS.

SECONDE FEMME *du bel air.*
L'on n'y tient pas.

PREMIER GASCON.
Bentré, jé suis à vout.

SECOND GASCON.
J'enragé, Dieu mé damne!

LE SUISSE.
Ah! que li faire saif dans sti sal' de cians!

PREMIER GASCON.
Jé murs.

SECOND GASCON.
Jé perds la tramontane.

LE SUISSE.
Mon foi, moi, le foudrois être hors de dedans.

LE VIEUX BOURGEOIS *babillard.*
Allons, ma mie,
Suivez mes pas,
Je vous en prie,
Et ne me quittez pas.
On fait de nous trop peu de cas·
Et je suis las
De ce tracas.
Tout ce fracas,
Cet embarras,
Me pèse par trop sur les bras.
S'il me prend jamais envie
De retourner de ma vie
A ballet ni comédie,
Je veux bien qu'on m'estropie.
Allons, ma mie,
Suivez mes pas,
Je vous en prie,

Et ne me quittez pas :
On fait de nous trop peu de cas.

LA VIEILLE BOURGEOISE *babillarde*.

Allons, mon mignon, mon fils,
Regagnons notre logis,
Et sortons de ce taudis
Où l'on ne peut être assis.
Ils seront bien ébaubis
Quand ils nous verront partis.

Trop de confusion règne dans cette salle,
Et j'aimerois mieux être au milieu de la halle.
Si jamais je reviens à semblable régale,
Je veux bien recevoir des soufflets plus de six.

Allons, mon mignon, mon fils,
Regagnons notre logis,
Et sortons de ce taudis
Où l'on ne peut être assis.

(Le donneur de livres revient avec les importuns qui l'ont suivi.)

CHŒUR DE SPECTATEURS.

A moi, monsieur, à moi ; de grace, à moi, monsieur ;
Un livre, s'il vous plaît, à votre serviteur.

(Les importuns, ayant pris des livres des mains de celui qui les donne, les distribuent aux spectateurs, pendant que le donneur de livres danse ; après quoi ils se joignent à lui, et forment la première entrée.)

DEUXIÈME ENTRÉE.

ESPAGNOLS.

TROIS ESPAGNOLS *chantants*, ESPAGNOLS *dansants*.

PREMIER ESPAGNOL.

Se que me muero de amor,
Y solicito el dolor.

Aun muriendo de querer,
De tan buen ayre adolezco,
Que es mas de lo que padezco,
Lo que quiero padecer;
Y no pudiendo exceder
A mi deseo el rigor.

Se que me muero de amor,
Y solicito el dolor.

Lisonjea me la suerte
Con piedad tan avertida,
Que me assegura la vida
En el riesgo de la muerte.
Vivir de la golpe fuerte
Es de mi salud primor.

Se que me muero de amor,
Y solicito el dolor.

(Danse de six Espagnols, après laquelle deux autres Espagnols dansent ensemble.)

PREMIER ESPAGNOL.

Ay! que locura, con tanto rigor
  Quexarse de Amor,
  Del nino bonito
  Que todo es dulçura!
    Ay! que locura!
    Ay! que locura!

SECOND ESPAGNOL.

El dolor solicita
El que al dolor se da :
Y nadie de amor muere,
Sino quien no save amar.

PREMIER ET SECOND ESPAGNOLS.

Dulce muerte es el amor
Con correspondencia ygual;
Y si esta gozamos hoi,
Porque la quieres turbar?

TROISIÈME ESPAGNOL.

Alegrese enamorado
Y tome mi parecer
Que en aquesto de querer
Todo es allar el vado.

TOUS TROIS ENSEMBLE.

  Vaya, vaya de fiesta,
  Vaya de bayle
Alegria, alegria, alegria.
Que esto de dolor es fantasia

TROISIÈME ENTRÉE.

ITALIENS.

UNE ITALIENNE *chantante*, UN ITALIEN *chantant*; ARLEQUIN, TRIVELINS ET SCARAMOUCHES *dansants*.

L'ITALIENNE.

Di rigori armata il seno
Contro amor mi rebellai.
Ma fui vinta in un baleno
In mirar duo vaghi rai.
Ahi! che resiste puoco
Cor di gelo a stral di fuoco!

Ma sì caro è 'l mio tormento,
Dolce è sì la piaga mia,
Ch' il penare è mio contento,
E 'l sanarmi è tirannia;
Ahi! che più giova e piace!
Quanto amor è più vivace!

(Deux scaramouches et deux trivelins représentent avec Arlequin une nuit à la manière des comédiens italiens.)

L'ITALIEN.

Bel tempo che vola
Rapisce il contento:
D'amor ne la scola
Si coglie il momento.

LE BOURGEOIS GENTILHOMME.

L'ITALIENNE.

Insi che florida
Ride l'età ;
Che pur tropp' horrida,
Da noi sen va.

TOUS DEUX ENSEMBLE.

Sù cantiamo,
Sù gaudiamo,
Ne bei dì di gioventù :
Perduto ben non si racquista più.

L'ITALIEN.

Pupilla ch' è vaga
Mill' alme incatena,
Fà dolce la piaga,
Felice la pena.

L'ITALIENNE.

Ma poiche frigida
Langue l'età,
Più l'alma rigida
Fiamme non ha.

TOUS DEUX ENSEMBLE.

Sù cantiamo,
Sù gaudiamo,
Ne bei dì di gioventù ;
Perduto ben non si racquista più.

(Les scaramouches et les trivelins finissent l'entrée par une danse.)

QUATRIÈME ENTRÉE.

FRANÇOIS.

DEUX POITEVINS *chantants et dansants*, POITE-VINS ET POITEVINES *dansants*.

PREMIER POITEVIN.

Ah ! qu'il fait beau dans ces bocages !
Ah ! que le ciel donne un beau jour !

SECOND POITEVIN.

Le rossignol, sous ces tendres feuillages,
Chante aux échos son doux retour ;
 Ce beau séjour,
 Ces doux ramages,
 Ce beau séjour
Nous invite à l'amour.

TOUS DEUX ENSEMBLE.

 Vois, ma Climène,
 Vois, sous ce chêne,
S'entre-baiser ces oiseaux amoureux ;
Ils n'ont rien dans leurs vœux
  Qui les gêne ;
 De leurs doux feux
 Leur ame est pleine ;
 Qu'ils sont heureux !
Nous pouvons tous **deux**,
 Si tu le veux,
 Être comme eux,

(Trois Poitevins et trois Poitevines dansent ensemble.)

CINQUIÈME et dernière ENTRÉE.

(Les Espagnols, les Italiens et les François se mêlent ensemble, et forment la dernière entrée.)

CHŒUR DES SPECTATEURS.

Quels spectacles charmants ! quels plaisirs goûtons-nous !
Les dieux mêmes, les dieux, n'en ont point de plus doux.

FIN DU BALLET DES NATIONS.

LES FOURBERIES DE SCAPIN,

COMÉDIE EN TROIS ACTES,

Représentée sur le théâtre du Palais-Royal, le 24 mai 1671.

PERSONNAGES.

ARGANTE, père d'Octave et de Zerbinette.
GÉRONTE, père de Léandre et d'Hyacinthe.
OCTAVE, fils d'Argante et amant d'Hyacinthe.
LÉANDRE, fils de Géronte et amant de Zerbinette.
ZERBINETTE, crue Égyptienne, et reconnue fille d'Argante, amante de Léandre.
HYACINTHE, fille de Géronte et amante d'Octave.
SCAPIN, valet de Léandre.
SILVESTRE, valet d'Octave.
NÉRINE, nourrice d'Hyacinthe.
CARLE, ami de Scapin.
DEUX PORTEURS.

La scène est à Naples.

LES FOURBERIES DE SCAPIN.

ACTE PREMIER.

SCÈNE I.

OCTAVE, SILVESTRE

OCTAVE.

Ah! fâcheuses nouvelles pour un cœur amoureux! Dures extrémités où je me vois réduit! Tu viens, Silvestre, d'apprendre au port que mon père revient?

SILVESTRE.

Oui.

OCTAVE.

Qu'il arrive ce matin même?

SILVESTRE.

Ce matin même.

OCTAVE.

Et qu'il revient dans la résolution de me marier?

SILVESTRE.

Oui.

OCTAVE.

Avec une fille du seigneur Géronte?

SILVESTRE.

Du seigneur Géronte.

OCTAVE.

Et que cette fille est mandée de Tarente ici pour cela?

SILVESTRE.

Oui.

OCTAVE.

Et tu tiens ces nouvelles de mon oncle?

SILVESTRE.

De votre oncle.

OCTAVE.

A qui mon père les a mandées par une lettre?

SILVESTRE.

Par une lettre.

OCTAVE.

Et cet oncle, dis-tu, sait toutes nos affaires?

SILVESTRE.

Toutes nos affaires.

OCTAVE.

Ah! parle si tu veux, et ne te fais point, de la sorte, arracher les mots de la bouche.

SILVESTRE.

Qu'ai-je à parler davantage? Vous n'oubliez aucune circonstance; et vous dites les choses tout justement comme elles sont.

ACTE I, SCÈNE I.

OCTAVE.

Conseille-moi du moins, et me dis ce que je dois faire dans ces cruelles conjonctures.

SILVESTRE.

Ma foi, je m'y trouve autant embarrassé que vous; et j'aurois bon besoin que l'on me conseillât moi-même.

OCTAVE.

Je suis assassiné par ce maudit retour.

SILVESTRE.

Je ne le suis pas moins.

OCTAVE.

Lorsque mon père apprendra les choses, je vais voir fondre sur moi un orage soudain d'impétueuses réprimandes.

SILVESTRE.

Les réprimandes ne sont rien; et plût au ciel que j'en fusse quitte à ce prix! Mais j'ai bien la mine, pour moi, de payer plus cher vos folies; et je vois se former de loin un nuage de coups de bâton qui crèvera sur mes épaules.

OCTAVE.

O ciel! par où sortir de l'embarras où je me trouve?

SILVESTRE.

C'est à quoi vous deviez songer avant que de vous y jeter.

OCTAVE.

Ah! tu me fais mourir par tes leçons hors de saison.

SILVESTRE.

Vous me faites bien plus mourir par vos actions étourdies.

OCTAVE.

Que dois-je faire? Quelle résolution prendre? A quel remède recourir?

SCÈNE II.
OCTAVE, SCAPIN, SILVESTRE.

SCAPIN.

Qu'est-ce, seigneur Octave? Qu'avez-vous? Qu'y a-t-il? Quel désordre est-ce là? je vous vois tout troublé.

OCTAVE.

Ah! mon pauvre Scapin, je suis perdu, je suis désespéré, je suis le plus infortuné de tous les hommes.

SCAPIN.

Comment?

OCTAVE.

N'as-tu rien appris de ce qui me regarde?

SCAPIN.

Non.

OCTAVE.

Mon père arrive avec le seigneur Géronte; et ils me veulent marier.

SCAPIN.

Hé bien! qu'y a-t-il là de si funeste?

OCTAVE.

Hélas! tu ne sais pas la cause de mon inquiétude?

SCAPIN.

Non : mais il ne tiendra qu'à vous que je ne la sache bientôt; et je suis homme consolatif, homme à m'intéresser aux affaires des jeunes gens.

OCTAVE.

Ah! Scapin, si tu pouvois trouver quelque invention, forger quelque machine, pour me tirer de la peine où je suis, je croirois t'être redevable de plus que de la vie.

SCAPIN.

A vous dire la vérité, il y a peu de choses qui me soient impossibles, quand je m'en veux mêler. J'ai sans doute reçu du ciel un génie assez beau pour toutes les fabriques de ces gentillesses d'esprit, de ces galanteries ingénieuses, à qui le vulgaire ignorant donne le nom de fourberies; et je puis dire, sans vanité, qu'on n'a guère vu d'homme qui fût plus habile ouvrier de ressorts et d'intrigues, qui ait acquis plus de gloire que moi dans ce noble métier. Mais, ma foi, le mérite est trop maltraité aujourd'hui ; et j'ai renoncé à toutes choses, depuis certain chagrin d'une affaire qui m'arriva.

OCTAVE.

Comment? quelle affaire, Scapin?

SCAPIN.

Une aventure où je me brouillai avec la justice.

OCTAVE.

La justice?

SCAPIN.

Oui : nous cûmes un petit démêlé ensemble.

SILVESTRE.

Toi et la justice?

SCAPIN.

Oui. Elle en usa fort mal avec moi; et je me dépitai de telle sorte contre l'ingratitude du siècle, que je résolus de ne plus rien faire. Baste : ne laissez pas de me conter votre aventure.

OCTAVE.

Tu sais, Scapin, qu'il y a deux mois que le seigneur Géronte et mon père s'embarquèrent ensemble pour un voyage qui regarde certain commerce où leurs intérêts sont mêlés.

SCAPIN.

Je sais cela.

OCTAVE.

Et que Léandre et moi nous fûmes laissés par nos pères, moi sous la conduite de Silvestre, et Léandre sous ta direction.

SCAPIN.

Oui. Je me suis fort bien acquitté de ma charge.

OCTAVE.

Quelque temps après, Léandre fit rencontre d'une jeune Égyptienne dont il devint amoureux.

SCAPIN.

Je sais cela encore.

OCTAVE.

Comme nous sommes grands amis, il me fit aussitôt confidence de son amour, et me mena voir cette fille, que je trouvai belle, à la vérité, mais non pas tant qu'il vouloit que je la trouvasse. Il ne m'entretenoit que d'elle chaque jour, m'exagéroit à tous momens sa beauté et sa grace, me louoit son esprit, et me parloit avec transport des charmes de son entretien, dont il me rapportoit jusqu'aux moindres paroles, qu'il s'efforçoit toujours de me faire trouver les plus spirituelles du monde. Il me querelloit quelquefois de n'être pas assez sensible aux choses qu'il me venoit dire, et me blâmoit sans cesse de l'indifférence où j'étois pour les feux de l'amour.

SCAPIN.

Je ne vois pas encore où ceci veut aller.

OCTAVE.

Un jour que je l'accompagnois pour aller chez les gens qui gardent l'objet de ses vœux, nous entendîmes, dans une petite maison d'une rue écartée, quelques plaintes mêlées de beaucoup de sanglots. Nous demandons ce que c'est : une femme nous dit en soupirant que nous pouvions voir là quelque chose de pitoyable en des personnes étrangères, et qu'à moins que d'être insensibles, nous en serions touchés.

SCAPIN.

Où est-ce que cela nous mène ?

OCTAVE.

La curiosité me fit presser Léandre de voir ce que c'étoit. Nous entrons dans une salle, où nous voyons une vieille femme mourante, assistée d'une servante qui faisoit des regrets, et d'une jeune fille toute fondante en larmes, la plus belle et la plus touchante qu'on puisse jamais voir.

SCAPIN.

Ah! ah!

OCTAVE.

Une autre auroit paru effroyable en l'état où elle étoit; car elle n'avoit pour habillement qu'une méchante petite jupe, avec des brassières de nuit qui étoient de simple futaine; et sa coiffure étoit une cornette jaune, retroussée au haut de sa tête, qui laissoit tomber en désordre ses cheveux sur ses épaules : et cependant, faite comme cela, elle brilloit de mille attraits, et ce n'étoit qu'agréments et que charmes que toute sa personne.

SCAPIN.

Je sens venir les choses.

OCTAVE.

Si tu l'avois vue, Scapin, en l'état que je dis, tu l'aurois trouvée admirable.

SCAPIN.

Oh! je n'en doute point; et, sans l'avoir vue, je vois bien qu'elle étoit tout-à-fait charmante.

OCTAVE.

Ses larmes n'étoient point de ces larmes désagréables qui défigurent un visage; elle avoit à pleurer une grace touchante, et sa douleur étoit la plus belle du monde.

SCAPIN.

Je vois tout cela.

ACTE I, SCÈNE II.

OCTAVE.

Elle faisoit fondre chacun en larmes, en se jetant amoureusement sur le corps de cette mourante, qu'elle appeloit sa chère mère; et il n'y avoit personne qui n'eût l'ame percée de voir un si bon naturel.

SCAPIN.

En effet, cela est touchant; et je vois bien que ce bon naturel-là vous la fit aimer.

OCTAVE.

Ah! Scapin, un barbare l'auroit aimée!

SCAPIN.

Assurément. Le moyen de s'en empêcher!

OCTAVE.

Après quelques paroles dont je tâchai d'adoucir la douleur de cette charmante affligée, nous sortîmes de là; et demandant à Léandre ce qu'il lui sembloit de cette personne, il me répondit froidement qu'il la trouvoit assez jolie. Je fus piqué de la froideur avec laquelle il m'en parloit, et je ne voulus point lui découvrir l'effet que ses beautés avoient fait sur mon ame.

SILVESTRE, *à Octave*.

Si vous n'abrégez ce récit, nous en voilà pour jusqu'à demain. Laissez-le-moi finir en deux mots. (*à Scapin.*) Son cœur prend feu dès ce moment; il ne sauroit plus vivre qu'il n'aille consoler son aimable affligée. Ses fréquentes visites sont rejetées de la servante, devenue la gouvernante par le trépas de la mère. Voilà mon homme au désespoir.

Il presse, supplie, conjure; point d'affaire. On lui dit que la fille, quoique sans bien et sans appui, est de famille honnête, et qu'à moins que de l'épouser on ne peut souffrir ses poursuites. Voilà son amour augmenté par les difficultés. Il consulte dans sa tête, agite, raisonne, balance, prend sa résolution; le voilà marié avec elle depuis trois jours.

SCAPIN.

J'entends.

SILVESTRE.

Maintenant, mets avec cela le retour imprévu du père, qu'on n'attendoit que dans deux mois, la découverte que l'oncle a faite du secret de notre mariage, et l'autre mariage qu'on veut faire de lui avec la fille que le seigneur Géronte a eue d'une seconde femme qu'on dit qu'il a épousée à Tarente.

OCTAVE.

Et, par-dessus tout cela, mets encore l'indigence où se trouve cette aimable personne, et l'impuissance où je me vois d'avoir de quoi la secourir.

SCAPIN.

Est-ce là tout? Vous voilà bien embarrassés tous deux pour une bagatelle! C'est bien là de quoi se tant alarmer! n'as-tu point de honte, toi, de demeurer court à si peu de chose? Que diable! te voilà grand et gros comme père et mère, et tu ne saurois trouver dans ta tête, forger dans ton esprit, quelque ruse galante, quelque honnête petit stratagème, pour ajuster vos affaires! Fi! peste soit du butor! Je voudrois bien que l'on m'eût donné autrefois nos vieillards à duper, je les aurois joués tous deux par-dessous la jambe; et je n'étois pas plus grand que cela, que je me signalois déjà par cent tours d'adresse jolis.

SILVESTRE.

J'avoue que le ciel ne m'a pas donné tes talents, et que je n'ai pas l'esprit, comme toi, de me brouiller avec la justice.

OCTAVE.

Voici mon aimable Hyacinthe.

SCÈNE III.

HYACINTHE, OCTAVE, SCAPIN, SILVESTRE.

HYACINTHE.

Ah! Octave, est-il vrai ce que Silvestre vient de dire à Nérine, que votre père est de retour, et qu'il veut vous marier?

OCTAVE.

Oui, belle Hyacinthe; et ces nouvelles m'ont donné une atteinte cruelle. Mais que vois-je? vous pleurez! Pourquoi ces larmes? me soupçonnez-vous, dites-moi, de quelque infidélité? et n'êtes-vous pas assurée de l'amour que j'ai pour vous?

HYACINTHE.

Oui, Octave, je suis sûre que vous m'aimez, mais je ne le suis pas que vous m'aimiez toujours.

OCTAVE.

Hé! peut-on vous aimer qu'on ne vous aime toute sa vie?

HYACINTHE.

J'ai ouï dire, Octave, que votre sexe aime moins long-temps que le nôtre, et que les ardeurs que les hommes font voir sont des feux qui s'éteignent aussi facilement qu'ils naissent.

OCTAVE.

Ah! ma chère Hyacinthe, mon cœur n'est donc pas fait comme celui des autres hommes; et je sens bien, pour moi, que je vous aimerai jusqu'au tombeau.

HYACINTHE.

Je veux croire que vous sentez ce que vous dites, et je ne doute point que vos paroles ne soient sincères; mais je crains un pouvoir qui combattra dans votre cœur les tendres sentiments que vous pouvez avoir pour moi. Vous dépendez d'un père qui veut vous marier à une autre personne; et je suis sûre que je mourrai si ce malheur m'arrive.

OCTAVE.

Non, belle Hyacinthe, il n'y a point de père qui puisse me contraindre à vous manquer de foi; et je me résoudrai à quitter mon pays et le jour même, s'il est besoin, plutôt qu'à vous quitter. J'ai déjà pris, sans l'avoir vue, une aversion effroyable pour celle que l'on me destine; et, sans être cruel, je souhaiterois que la mer l'écartât d'ici pour jamais. Ne pleurez donc point, je vous prie, mon aimable Hyacinthe; car vos larmes me tuent, et je ne les puis voir sans me sentir percer le cœur.

HYACINTHE.

Puisque vous le voulez, je veux bien essuyer mes pleurs; et j'attendrai, d'un œil constant, ce qu'il plaira au ciel de résoudre de moi.

OCTAVE.

Le ciel nous sera favorable.

HYACINTHE.

Il ne sauroit m'être contraire, si vous m'êtes fidèle.

OCTAVE.

Je le serai assurément.

HYACINTHE.

Je serai donc heureuse.

SCAPIN, *à part.*

Elle n'est point tant sotte, ma foi; et je la trouve assez passable.

OCTAVE, *montrant Scapin.*

Voici un homme qui pourroit bien, s'il le vouloit, nous être, dans tous nos besoins, d'un secours merveilleux.

SCAPIN.

J'ai fait de grands serments de ne me mêler plus du monde; mais si vous m'en priez bien fort tous deux, peut-être...

OCTAVE.

Ah! s'il ne tient qu'à te prier bien fort pour obtenir ton aide, je te conjure de tout mon cœur de prendre la conduite de notre barque.

SCAPIN, *à Hyacinthe.*

Et vous, ne dites-vous rien?

HYACINTHE.

Je vous conjure, à son exemple, par tout ce qui vous est le plus cher au monde, de vouloir servir notre amour.

SCAPIN.

Il faut se laisser vaincre, et avoir de l'humanité. Allez, je veux m'employer pour vous.

OCTAVE.

Crois que...

SCAPIN, à Octave.

Chut. (à Hyacinthe.) Allez-vous-en, vous, et soyez en repos.

SCÈNE IV.

OCTAVE, SCAPIN, SILVESTRE.

SCAPIN, à Octave.

Et vous, préparez-vous à soutenir avec fermeté l'abord de votre père.

OCTAVE.

Je t'avoue que cet abord me fait trembler par avance, et j'ai une timidité naturelle que je ne saurois vaincre.

SCAPIN.

Il faut pourtant paroître ferme au premier choc, de peur que, sur votre foiblesse, il ne prenne le pied de vous mener comme un enfant. Là, tâchez de vous composer par étude. Un peu de hardiesse; et songez à répondre résolument sur tout ce qu'il pourra vous dire.

ACTE Y, SCÈNE IV.

OCTAVE.

Je ferai du mieux que je pourrai.

SCAPIN.

Çà, essayons un peu, pour vous accoutumer. Répétons un peu votre rôle, et voyons si vous ferez bien. Allons, la mine résolue, la tête haute, les regards assurés.

OCTAVE.

Comme cela?

SCAPIN.

Encore un peu davantage.

OCTAVE.

Ainsi?

SCAPIN.

Bon. Imaginez-vous que je suis votre père qui arrive, et répondez-moi fermement, comme si c'étoit à lui-même... Comment, pendard, vaurien, infâme, fils indigne d'un père comme moi, oses-tu bien paroître devant mes yeux après tes bons déportements, après le lâche tour que tu m'as joué pendant mon absence? Est-ce là le fruit de mes soins, maraud, est-ce là le fruit de mes soins? le respect qui m'est dû, le respect que tu me conserves? (Allons donc.) Tu as l'insolence, fripon, de t'engager sans le consentement de ton père! de contracter un mariage clandestin! réponds-moi, coquin, réponds-moi. Voyons un peu tes belles raisons... Oh! que diable! vous demeurez interdit.

OCTAVE.

C'est que je m'imagine que c'est mon père que j'entends.

SCAPIN.

Hé, oui. C'est par cette raison qu'il ne faut pas être comme un innocent.

OCTAVE.

Je m'en vais prendre plus de résolution, et je répondrai fermement.

SCAPIN.

Assurément?

OCTAVE.

Assurément.

SILVESTRE.

Voilà votre père qui vient.

OCTAVE.

O ciel! je suis perdu.

SCÈNE V.

SCAPIN, SILVESTRE.

SCAPIN.

Holà, Octave. Demeurez, Octave. Le voilà enfui! Quelle pauvre espèce d'homme! Ne laissons pas d'attendre le vieillard.

SILVESTRE.

Que lui dirai-je?

SCAPIN.

Laisse-moi dire, moi; et ne fais que me suivre.

SCÈNE VI.

ARGANTE; SCAPIN ET SILVESTRE,
dans le fond du théâtre.

ARGANTE, *se croyant seul.*

A-t-on jamais ouï parler d'une action pareille à celle-là ?

SCAPIN, *à Silvestre.*

Il a déjà appris l'affaire; et elle lui tient si fort en tête, que, tout seul, il en parle haut.

ARGANTE, *se croyant seul.*

Voilà une témérité bien grande !

SCAPIN, *à Silvestre.*

Écoutons-le un peu.

ARGANTE, *se croyant seul.*

Je voudrois bien savoir ce qu'ils me pourront dire sur ce beau mariage.

SCAPIN, *à part.*

Nous y avons songé.

ARGANTE, *se croyant seul.*

Tâcheront-ils de me nier la chose ?

SCAPIN, *à part.*

Non, nous n'y pensons pas.

ARGANTE, *se croyant seul.*

Ou s'ils entreprendront de l'excuser ?

SCAPIN, *à part.*

Celui-là se pourra faire.

ARGANTE, *se croyant seul.*

Prétendront-ils m'amuser par des contes en l'air?

SCAPIN, *à part.*

Peut-être.

ARGANTE, *se croyant seul.*

Tous leurs discours seront inutiles.

SCAPIN, *à part.*

Nous allons voir.

ARGANTE, *se croyant seul.*

Ils ne m'en donneront point à garder.

SCAPIN, *à part.*

Ne jurons de rien.

ARGANTE, *se croyant seul.*

Je saurai mettre mon pendard de fils en lieu de sûreté.

SCAPIN, *à part.*

Nous y pourvoirons.

ARGANTE, *se croyant seul.*

Et pour le coquin de Silvestre, je le rouerai de coups.

SILVESTRE, *à Scapin.*

J'étois bien étonné, s'il m'oublioit.

ARGANTE, *apercevant Silvestre.*

Ah! ah! vous voilà donc, sage gouverneur de famille, beau directeur de jeunes gens!

SCAPIN.

Monsieur, je suis ravi de vous voir de retour.

ARGANTE.

Bon jour, Scapin. (*à Silvestre.*) Vous avez suivi

mes ordres, vraiment, d'une belle manière! et mon fils s'est comporté fort sagement pendant mon absence!

SCAPIN.

Vous vous portez bien, à ce que je vois.

ARGANTE.

Assez bien. (*à Silvestre.*) Tu ne dis mot, coquin, tu ne dis mot!

SCAPIN.

Votre voyage a-t-il été bon?

ARGANTE.

Mon dieu! fort bon. Laisse-moi un peu quereller en repos.

SCAPIN.

Vous voulez quereller?

ARGANTE.

Oui, je veux quereller.

SCAPIN.

Et qui, monsieur?

ARGANTE, *montrant Silvestre.*

Ce maraud-là.

SCAPIN.

Pourquoi?

ARGANTE.

Tu n'as pas ouï parler de ce qui s'est passé dans mon absence?

SCAPIN.

J'ai bien ouï parler de quelque petite chose.

ARGANTE.

Comment! quelque petite chose! une action de cette nature!

SCAPIN.

Vous avez quelque raison.

ARGANTE.

Une hardiesse pareille à celle-là!

SCAPIN.

Cela est vrai.

ARGANTE.

Un fils qui se marie sans le consentement de son père!

SCAPIN.

Oui, il y a quelque chose à dire à cela. Mais je serois d'avis que vous ne fissiez point de bruit.

ARGANTE.

Je ne suis pas de cet avis, moi; et je veux faire du bruit tout mon soûl. Quoi! tu ne trouves pas que j'aie tous les sujets du monde d'être en colère?

SCAPIN.

Si fait. J'y ai d'abord été, moi, lorsque j'ai su la chose; et je me suis intéressé pour vous, jusqu'à quereller votre fils. Demandez-lui un peu quelles belles réprimandes je lui ai faites, et comme je l'ai chapitré sur le peu de respect qu'il gardoit à un père dont il devoit baiser les pas. On ne peut pas lui mieux parler, quand ce seroit vous-même. Mais quoi! je me suis rendu à la raison, et j'ai considéré que, dans le fond, il n'a pas tant de tort qu'on pourroit croire.

ARGANTE.

Que me viens-tu conter ? Il n'a pas tant de tort de s'aller marier de but en blanc avec une inconnue ?

SCAPIN.

Que voulez-vous ? il y a été poussé par sa destinée.

ARGANTE.

Ah ! ah ! voici une raison la plus belle du monde. On n'a plus qu'à commettre tous les crimes imaginables, tromper, voler, assassiner, et dire pour excuse qu'on y a été poussé par sa destinée.

SCAPIN.

Mon dieu ! vous prenez mes paroles trop en philosophe. Je veux dire qu'il s'est trouvé fatalement engagé dans cette affaire.

ARGANTE.

Et pourquoi s'y engageoit-il ?

SCAPIN.

Voulez-vous qu'il soit aussi sage que vous ? Les jeunes gens sont jeunes, et n'ont pas toute la prudence qu'il leur faudroit pour ne rien faire que de raisonnable : témoin notre Léandre, qui, malgré toutes mes leçons, malgré toutes mes remontrances, est allé faire de son côté pis encore que votre fils. Je voudrois bien savoir si vous-même n'avez pas été jeune, et n'avez pas dans votre temps fait des fredaines comme les autres. J'ai ouï dire, moi, que vous avez été autrefois un bon compagnon parmi les femmes, que vous faisiez de votre drôle avec les plus galantes de ce temps-là, et que vous n'en approchiez point que vous ne poussassiez à bout.

ARGANTE.

Cela est vrai, j'en demeure d'accord; mais je m'en suis toujours tenu à la galanterie, et je n'ai point été jusqu'à faire ce qu'il a fait.

SCAPIN.

Que vouliez-vous qu'il fît? Il voit une jeune personne qui lui veut du bien (car il tient cela de vous d'être aimé de toutes les femmes); il la trouve charmante, il lui rend des visites, lui conte des douceurs, soupire galamment, fait le passionné. Elle se rend à sa poursuite. Il pousse sa fortune. Le voilà surpris avec elle par ses parents, qui, la force à la main, le contraignent de l'épouser.

SILVESTRE, *à part.*

L'habile fourbe que voilà!

SCAPIN.

Eussiez-vous voulu qu'il se fût laissé tuer? Il vaut mieux encore être marié qu'être mort.

ARGANTE.

On ne m'a pas dit que l'affaire se soit ainsi passée.

SCAPIN, *montrant Silvestre.*

Demandez-lui plutôt; il ne vous dira pas le contraire.

ACTE I, SCÈNE VI.

ARGANTE, à Silvestre.

C'est par force qu'il a été marié ?

SILVESTRE.

Oui, monsieur.

SCAPIN.

Voudrois-je vous mentir ?

ARGANTE.

Il devoit donc aller tout aussitôt protester de violence chez un notaire.

SCAPIN.

C'est ce qu'il n'a pas voulu faire.

ARGANTE.

Cela m'auroit donné plus de facilité à rompre ce mariage.

SCAPIN.

Rompre ce mariage ?

ARGANTE.

Oui.

SCAPIN.

Vous ne le romprez point.

ARGANTE.

Je ne le romprai point ?

SCAPIN.

Non.

ARGANTE.

Quoi ! je n'aurai pas pour moi les droits de père, et la raison de la violence qu'on a faite à mon fils ?

SCAPIN.

C'est une chose dont il ne demeurera pas d'accord.

ARGANTE.

Il n'en demeurera pas d'accord?

SCAPIN.

Non.

ARGANTE.

Mon fils?

SCAPIN.

Votre fils. Voulez-vous qu'il confesse qu'il ait été capable de crainte, et que ce soit par force qu'on lui ait fait faire les choses? Il n'a garde d'aller avouer cela : ce seroit se faire tort, et se montrer indigne d'un père comme vous.

ARGANTE.

Je me moque de cela

SCAPIN.

Il faut, pour son honneur et pour le vôtre, qu'il dise dans le monde que c'est de bon gré qu'il l'a épousée.

ARGANTE.

Et je veux, moi, pour mon honneur et pour le sien, qu'il dise le contraire.

SCAPIN.

Non, je suis sûr qu'il ne le fera pas.

ARGANTE.

Je l'y forcerai bien.

SCAPIN.

Il ne le fera pas, vous dis-je.

ARGANTE.

Il le fera, ou je le déshériterai.

SCAPIN.

Vous ?

ARGANTE.

Moi.

SCAPIN.

Bon !

ARGANTE.

Comment, bon ?

SCAPIN.

Vous ne le déshériterez point.

ARGANTE.

Je ne le déshériterai point ?

SCAPIN.

Non.

ARGANTE.

Non ?

SCAPIN.

Non.

ARGANTE.

Ouais ! voici qui est plaisant. Je ne déshériterai point mon fils ?

SCAPIN.

Non, vous dis-je.

ARGANTE.

Qui m'en empêchera ?

SCAPIN.

Vous-même.

ARGANTE.

Moi ?

SCAPIN.

Oui ; vous n'aurez pas ce cœur-là.

ARGANTE.

Je l'aurai.

SCAPIN.

Vous vous moquez.

ARGANTE.

Je ne me moque point.

SCAPIN.

La tendresse paternelle fera son office.

ARGANTE.

Elle ne fera rien.

SCAPIN.

Oui, oui.

ARGANTE.

Je vous dis que cela sera.

SCAPIN.

Bagatelles.

ARGANTE.

Il ne faut point dire, bagatelles.

SCAPIN.

Mon dieu ! je vous connois, vous êtes bon naturellement.

ARGANTE.

Je ne suis point bon, et je suis méchant quand

ACTE I, SCÈNE VI.

je veux. Finissons ce discours qui m'échauffe la bile. (*à Silvestre.*) Va-t'en, pendard, va-t'en me chercher mon fripon, tandis que j'irai rejoindre le seigneur Géronte pour lui conter ma disgrace.

SCAPIN.

Monsieur, si je vous puis être utile en quelque chose, vous n'avez qu'à me commander.

ARGANTE.

Je vous remercie. (*à part.*) Ah ! pourquoi faut-il qu'il soit fils unique ! et que n'ai-je à cette heure la fille que le ciel m'a ôtée, pour la faire mon héritière !

SCÈNE VII.

SCAPIN, SILVESTRE.

SILVESTRE.

J'avoue que tu es un grand homme, et voilà l'affaire en bon train : mais l'argent d'autre part nous presse pour notre subsistance; et nous avons de tous côtés des gens qui aboient après nous.

SCAPIN.

Laisse-moi faire, la machine est trouvée. Je cherche seulement dans ma tête un homme qui nous soit affidé, pour jouer un personnage dont j'ai besoin... Attends. Tiens-toi un peu, enfonce ton bonnet en méchant garçon, campe-toi sur un pied, mets la main au côté, fais les yeux furibonds, marche un peu en roi de théâtre... Voilà qui est bien, Suis-moi. J'ai des secrets pour déguiser ton visage et ta voix.

SILVESTRE.

Je te conjure au moins de ne m'aller point brouiller avec la justice.

SCAPIN.

Va, va, nous partagerons les périls en frères ; et trois ans de galères de plus ou de moins ne sont pas pour arrêter un noble cœur.

FIN DU PREMIER ACTE.

ACTE SECOND.

SCÈNE I.

GÉRONTE, ARGANTE.

GÉRONTE.

Oui, sans doute, par le temps qu'il fait, nous aurons ici nos gens aujourd'hui ; et un matelot qui vient de Tarente m'a assuré qu'il avoit vu mon homme qui étoit près de s'embarquer. Mais l'arrivée de ma fille trouvera les choses mal disposées à ce que nous nous proposions ; et ce que vous venez de m'apprendre de votre fils rompt étrangement les mesures que nous avions prises ensemble.

ARGANTE.

Ne vous mettez pas en peine, je vous réponds de renverser tout cet obstacle, et j'y vais travailler de ce pas.

GÉRONTE.

Ma foi, seigneur Argante, voulez-vous que je vous dise ? l'éducation des enfants est une chose à quoi il faut s'attacher fortement.

ARGANTE.

Sans doute. A quel propos cela ?

GÉRONTE.

A propos de ce que les mauvais déportements

des jeunes gens viennent le plus souvent de la mauvaise éducation que leurs pères leur donnent.

ARGANTE.

Cela arrive parfois. Mais que voulez-vous dire par-là ?

GÉRONTE.

Ce que je veux dire par-là ?

ARGANTE.

Oui.

GÉRONTE.

Que si vous aviez, en brave père, bien morigéné votre fils, il ne vous auroit pas joué le tour qu'il vous a fait.

ARGANTE.

Fort bien. De sorte donc que vous avez bien mieux morigéné le vôtre ?

GÉRONTE.

Sans doute; et je serois bien fâché qu'il m'eût rien fait approchant de cela.

ARGANTE.

Et si ce fils, que vous avez en brave père si bien morigéné, avoit fait pis encore que le mien ? Hé ?

GÉRONTE.

Comment ?

ARGANTE.

Comment ?

GÉRONTE.

Qu'est-ce que cela veut dire ?

ARGANTE.

Cela veut dire, seigneur Géronte, qu'il ne faut

pas être si prompt à condamner la conduite des autres, et que ceux qui veulent gloser, doivent bien regarder chez eux s'il n'y a rien qui cloche.

GÉRONTE.

Je n'entends point cette énigme.

ARGANTE.

On vous l'expliquera.

GÉRONTE.

Est-ce que vous auriez ouï dire quelque chose de mon fils ?

ARGANTE.

Cela se peut faire.

GÉRONTE.

Et quoi encore?

ARGANTE.

Votre Scapin, dans mon dépit, ne m'a dit la chose qu'en gros; et vous pourrez de lui, ou de quelque autre, être instruit du détail. Pour moi, je vais vite consulter un avocat, et aviser des biais que j'ai à prendre. Jusqu'au revoir.

SCÈNE II.

GÉRONTE.

Que pourroit-ce être que cette affaire-ci ? Pis encore que le sien ! Pour moi, je ne vois pas ce que l'on peut faire de pis; et je trouve que se marier sans le consentement de son père est une action qui passe tout ce qu'on peut s'imaginer.

SCÈNE III.

GÉRONTE, LÉANDRE.

GÉRONTE

Ah! vous voilà!

LÉANDRE, *courant à Géronte pour l'embrasser.*

Ah! mon père, que j'ai de joie de vous voir de retour!

GÉRONTE, *refusant d'embrasser Léandre.*

Doucement; parlons un peu d'affaire.

LÉANDRE.

Souffrez que je vous embrasse, et que...

GÉRONTE, *le repoussant encore.*

Doucement, vous dis-je.

LÉANDRE.

Quoi! vous me refusez, mon père, de vous exprimer mon transport par mes embrassements?

GÉRONTE.

Oui. Nous avons quelque chose à démêler ensemble.

LÉANDRE.

Et quoi?

GÉRONTE.

Tenez-vous, que je vous voie en face.

LÉANDRE.

Comment?

GÉRONTE.

Regardez-moi entre deux yeux.

LÉANDRE.
Hé bien ?

GÉRONTE.
Qu'est-ce donc qui s'est passé ici ?

LÉANDRE.
Ce qui s'est passé ?

GÉRONTE.
Oui. Qu'avez-vous fait pendant mon absence ?

LÉANDRE.
Que voulez-vous, mon père, que j'aie fait ?

GÉRONTE.
Ce n'est pas moi qui veux que vous ayez fait, mais qui demande ce que c'est que vous avez fait.

LÉANDRE.
Moi ! je n'ai fait aucune chose dont vous ayez eu de vous plaindre.

GÉRONTE
Aucune chose ?

LÉANDRE
Non.

GÉRONTE.
Vous êtes bien résolu.

LÉANDRE.
C'est que je suis sûr de mon innocence.

GÉRONTE.
Scapin pourtant a dit de vos nouvelles.

LÉANDRE.
Scapin ?

GÉRONTE.

Ah! ah! ce mot vous fait rougir.

LÉANDRE.

Il vous a dit quelque chose de moi?

GÉRONTE.

Ce lieu n'est pas tout à-fait propre à vider cette affaire, et nous allons l'examiner ailleurs. Qu'on se rende au logis; j'y vais revenir tout à l'heure. Ah traître, s'il faut que tu me déshonores, je te renonce pour mon fils, et tu peux bien, pour jamais te résoudre à fuir de ma présence.

SCÈNE IV.

LÉANDRE.

ME trahir de cette manière! Un coquin qui doit par cent raisons, être le premier à cacher les choses que je lui confie, est le premier à les aller découvrir à mon père! Ah! je jure le ciel que cette trahison ne demeurera pas impunie.

SCÈNE V.

OCTAVE, LÉANDRE, SCAPIN.

OCTAVE.

Mon cher Scapin, que ne dois-je point à tes soins! Que tu es un homme admirable! et que le ciel m'est favorable de t'envoyer à mon secours!

ACTE II, SCÈNE V.

LÉANDRE.

Ah! ah! vous voilà! je suis ravi de vous trouver, monsieur le coquin.

SCAPIN.

Monsieur, votre serviteur. C'est trop d'honneur que vous me faites.

LÉANDRE, *mettant l'épée à la main.*

Vous faites le méchant plaisant. Ah! je vous apprendrai...

SCAPIN, *se mettant à genoux.*

Monsieur.

OCTAVE, *se mettant entre eux deux, pour empêcher Léandre de frapper Scapin.*

Ah! Léandre.

LÉANDRE.

Non, Octave, ne me retenez point, je vous prie.

SCAPIN, *à Léandre.*

Hé! monsieur.

OCTAVE, *retenant Léandre.*

De grace.

LÉANDRE, *voulant frapper Scapin.*

Laissez-moi contenter mon ressentim

OCTAVE.

Au nom de l'amitié, Léandre, ne le maltraitez point.

SCAPIN.

Monsieur, que vous ai-je fait?

LÉANDRE, *voulant frapper Scapin.*

Ce que tu m'as fait, traître!

OCTAVE, *retenant encore Léandre.*

Hé! doucement.

LÉANDRE.

Non, Octave; je veux qu'il me confesse lui-même, tout à l'heure, la perfidie qu'il m'a faite. Oui, coquin, je sais le trait que tu m'as joué, on vient de me l'apprendre; et tu ne croyois pas peut-être que l'on me dût révéler ce secret: mais je veux en avoir la confession de ta propre bouche, ou je vais te passer cette épée au travers du corps.

SCAPIN.

Ah! monsieur, auriez-vous bien ce cœur-là!

LÉANDRE.

Parle donc.

SCAPIN.

Je vous ai fait quelque chose, monsieur?

LÉANDRE.

Oui, coquin; et ta conscience ne te dit que trop ce que c'est.

SCAPIN.

Je vous assure que je l'ignore.

LÉANDRE, *s'avançant pour frapper Scapin.*

Tu l'ignores!

OCTAVE, *retenant Léandre.*

Léandre.

SCAPIN.

Hé bien, monsieur, puisque vous le voulez, je vous confesse que j'ai bu avec mes amis ce petit quartaut de vin d'Espagne dont on vous fit présent il y a quelques jours, et que c'est moi qui fis une fente au tonneau, et répandis de l'eau autour, pour faire croire que le vin s'étoit échappé.

LÉANDRE.

C'est toi, pendard, qui m'as bu mon vin d'Espagne, et qui as été cause que j'ai tant querellé la servante, croyant que c'étoit elle qui m'avoit fait le tour ?

SCAPIN.

Oui, monsieur. Je vous en demande pardon.

LÉANDRE.

Je suis bien aise d'apprendre cela : mais ce n'est pas l'affaire dont il est question maintenant.

SCAPIN.

Ce n'est pas cela, monsieur ?

LÉANDRE.

Non ; c'est une autre affaire qui me touche bien plus ; et je veux que tu me la dises.

SCAPIN.

Monsieur, je ne me souviens pas d'avoir fait autre chose.

LÉANDRE, *voulant frapper Scapin.*

Tu ne veux pas parler ?

SCAPIN.

Hé !

OCTAVE, *retenant Léandre.*

Tout doux.

SCAPIN.

Oui, monsieur, il est vrai qu'il y a trois semaines que vous m'envoyâtes porter le soir une petite montre à la jeune Égyptienne que vous aimez; je revins au logis, mes habits tout couverts de boue, et le visage plein de sang, et vous dis que j'avois trouvé des voleurs qui m'avoient bien battu et m'avoient dérobé la montre. C'étoit moi, monsieur, qui l'avois retenue.

LÉANDRE.

C'est toi qui as retenu ma montre?

SCAPIN.

Oui, monsieur, afin de voir quelle heure il est.

LÉANDRE.

Ah! ah! j'apprends ici de jolies choses, et j'ai un serviteur fort fidèle vraiment! Mais ce n'est pas encore cela que je demande.

SCAPIN.

Ce n'est pas cela?

LÉANDRE.

Non, infâme; c'est autre chose encore que je veux que tu me confesses.

SCAPIN, *à part*.

Peste!

LÉANDRE.

Parle vite, j'ai hâte.

SCAPIN.

Monsieur, voilà tout ce que j'ai fait.

LÉANDRE, *voulant frapper Scapin*.

Voilà tout?

OCTAVE, *se mettant au-devant de Léandre*.

Hé!

ACTE II; SCÈNE V.

SCAPIN.

Hé bien, oui, monsieur; vous vous souvenez de ce loup-garou, il y a six mois, qui vous donna tant de coups de bâton la nuit, et vous pensa faire rompre le cou dans une cave où vous tombâtes en fuyant.

LÉANDRE.

Hé bien?

SCAPIN.

C'étoit moi, monsieur, qui faisois le loup-garou.

LÉANDRE.

C'étoit toi, traître, qui faisois le loup-garou?

SCAPIN.

Oui, monsieur, seulement pour vous faire peur, et vous ôter l'envie de nous faire courir toutes les nuits comme vous aviez de coutume.

LÉANDRE.

Je saurai me souvenir en temps et lieu de tout ce que je viens d'apprendre. Mais je veux venir au fait, et que tu me confesses ce que tu as dit à mon père.

SCAPIN.

A votre père?

LÉANDRE.

Oui, fripon, à mon père.

SCAPIN.

Je ne l'ai pas seulement vu depuis son retour.

LÉANDRE.

Tu ne l'as pas vu?

SCAPIN.

Non, monsieur.

LÉANDRE.

Assurément?

SCAPIN.

Assurément. C'est une chose que je vais vous faire dire par lui-même.

LÉANDRE.

C'est de sa bouche que je le tiens pourtant.

SCAPIN.

Avec votre permission, il n'a pas dit la vérité.

SCÈNE VI.
LÉANDRE, OCTAVE, CARLE, SCAPIN.

CARLE.

Monsieur, je vous apporte une nouvelle qui est fâcheuse pour votre amour.

LÉANDRE.

Comment?

CARLE.

Vos Égyptiens sont sur le point de vous enlever Zerbinette; et elle-même, les larmes aux yeux, m'a chargé de venir promptement vous dire que, si dans deux heures vous ne songez à leur porter l'argent qu'ils vous ont demandé pour elle, vous l'allez perdre pour jamais.

LÉANDRE.

Dans deux heures?

CARLE.

Dans deux heures.

SCÈNE VII.

LÉANDRE, OCTAVE, SCAPIN.

LÉANDRE.

Ah! mon pauvre Scapin, j'implore ton secours.

SCAPIN, *se levant, et passant fièrement devant Léandre.*

Ah! mon pauvre Scapin! Je suis mon pauvre Scapin à cette heure qu'on a besoin de moi.

LÉANDRE.

Va, je te pardonne tout ce que tu viens de me dire, et pis encore, si tu me l'as fait.

SCAPIN.

Non, non, ne me pardonnez rien; passez-moi votre épée au travers du corps. Je serai ravi que vous me tuiez.

LÉANDRE.

Non, je te conjure plutôt de me donner la vie en servant mon amour.

SCAPIN.

Point, point; vous ferez mieux de me tuer.

LÉANDRE.

Tu m'es trop précieux; et je te prie de vouloir employer pour moi ce génie admirable qui vient à bout de toutes choses.

SCAPIN.

Non; tuez-moi, vous dis-je.

LÉANDRE.

Ah! de grace, ne songe plus à tout cela, et pense à me donner le secours que je te demande.

OCTAVE.

Scapin, il faut faire quelque chose pour lui.

SCAPIN.

Le moyen, après une avanie de la sorte?

LÉANDRE.

Je te conjure d'oublier mon emportement, et de me prêter ton adresse.

OCTAVE.

Je joins mes prières aux siennes.

SCAPIN.

J'ai cette insulte-là sur le cœur.

OCTAVE.

Il faut quitter ton ressentiment.

LÉANDRE.

Voudrois-tu m'abandonner, Scapin, dans la cruelle extrémité où se voit mon amour?

SCAPIN.

Me venir faire, à l'improviste, un affront comme celui-là!

LÉANDRE.

J'ai tort, je le confesse.

SCAPIN.

Me traiter de coquin! de fripon! de pendard! d'infâme!

LÉANDRE.

J'en ai tous les regrets du monde

SCAPIN.

Me vouloir passer son épée au travers du corps!

LÉANDRE.

Je t'en demande pardon de tout mon cœur; et s'il ne tient qu'à me jeter à tes genoux, tu m'y vois, Scapin, pour te conjurer encore une fois de ne me point abandonner.

OCTAVE.

Ah! ma foi, Scapin, il faut se rendre à cela

SCAPIN.

Levez-vous. Une autre fois, ne soyez point si prompt.

LÉANDRE.

Me promets-tu de travailler pour moi?

SCAPIN.

On y songera.

LÉANDRE.

Mais tu sais que le temps presse.

SCAPIN.

Ne vous mettez pas en peine. Combien est-ce qu'il vous faut?

LÉANDRE.

Cinq cents écus.

SCAPIN.

Et à vous?

OCTAVE.

Deux cents pistoles.

SCAPIN.

Je veux tirer cet argent de vos pères. (à Octave.) Pour ce qui est du vôtre, la machine est déjà toute trouvée. (*à Léandre.*) Et quant au vôtre, bien qu'avare au dernier degré, il y faudra moins de façon encore : car vous savez que pour l'esprit il n'en a pas, grace à Dieu, grande provision; et je le livre pour une espèce d'homme à qui l'on fera toujours croire tout ce que l'on voudra. Cela ne vous offense point, il ne tombe entre lui et vous aucun soupçon de ressemblance ; et vous savez assez l'opinion de tout le monde, qui veut qu'il ne soit votre père que pour la forme.

LÉANDRE.

Tout beau, Scapin.

SCAPIN.

Bon, bon, on fait bien scrupule de cela ! Vous moquez-vous ? Mais j'aperçois venir le père d'Octave. Commençons par lui, puisqu'il se présente. Allez-vous-en tous deux. (*à Octave.*) Et vous, avertissez votre Silvestre de venir vite jouer son rôle.

SCÈNE VIII.

ARGANTE, SCAPIN.

SCAPIN, *à part.*

LE voilà qui rumine.

ARGANTE, *se croyant seul.*

Avoir si peu de conduite et de considération ! S'aller jeter dans un engagement comme celui-là ! Ah ! ah ! jeunesse impertinente !

SCAPIN.

Monsieur, votre serviteur.

ACTE II, SCÈNE VIII.

ARGANTE.

Bon jour, Scapin.

SCAPIN.

Vous rêvez à l'affaire de votre fils.

ARGANTE.

Je t'avoue que cela me donne un furieux chagrin.

SCAPIN.

Monsieur, la vie est mêlée de traverses; il est bon de s'y tenir sans cesse préparé; et j'ai ouï dire, il y a long-temps, une parole d'un ancien, que j'ai toujours retenue.

ARGANTE.

Quoi?

SCAPIN.

Que, pour peu qu'un père de famille ait été absent de chez lui, il doit promener son esprit sur tous les fâcheux accidents que son retour peut rencontrer; se figurer sa maison brûlée, son argent dérobé, sa femme morte, son fils estropié, sa fille subornée; et ce qu'il trouve qui ne lui est point arrivé, l'imputer à bonne fortune. Pour moi, j'ai pratiqué toujours cette leçon dans ma petite philosophie; et je ne suis jamais revenu au logis, que je ne me sois tenu prêt à la colère de mes maîtres, aux réprimandes, aux injures, aux coups de pied au cul, aux bastonnades, aux étrivières; et ce qui a manqué à m'arriver, j'en ai rendu graces à mon bon destin.

ARGANTE.

Voilà qui est bien : mais ce mariage impertinent qui trouble celui que nous voulons faire est une chose que je ne puis souffrir, et je viens de consulter des avocats pour le faire casser.

SCAPIN.

Ma foi, monsieur, si vous m'en croyez, vous tâcherez, par quelque autre voie, d'accommoder l'affaire. Vous savez ce que c'est que les procès en ce pays-ci, et vous allez vous enfoncer dans d'étranges épines.

ARGANTE.

Tu as raison, je le vois bien. Mais quelle autre voie ?

SCAPIN.

Je pense que j'en ai trouvé une. La compassion que m'a donnée tantôt votre chagrin m'a obligé à chercher dans ma tête quelque moyen pour vous tirer d'inquiétude : car je ne saurois voir d'honnêtes pères chagrinés par leurs enfants, que cela ne m'émeuve ; et, de tout temps, je me suis senti pour votre personne une inclination particulière.

ARGANTE.

Je te suis obligé.

SCAPIN.

J'ai donc été trouver le frère de cette fille qui a été épousée. C'est un de ces braves de profession, de ces gens qui sont tout coups d'épée, qui ne parlent que d'échiner, et ne font non plus de conscience de tuer un homme que d'avaler un verre de vin. Je l'ai mis sur ce mariage, lui ai fait voir quelle facilité offroit la raison de la violence pour le faire casser, vos prérogatives du nom de père, et l'appui que vous donneroient auprès de la justice, et votre droit, et votre argent, et vos amis ; enfin, je l'ai tant tourné de tous les côtés, qu'il a prêté l'oreille aux propositions que je lui ai faites d'ajuster l'affaire pour quelque somme ; et il donnera son consentement à rompre le mariage, pourvu que vous lui donniez de l'argent.

ARGANTE.

Et qu'a-t-il demandé ?

SCAPIN.

Oh ! d'abord des choses par-dessus les maisons

ARGANTE.

Hé ! quoi ?

SCAPIN.

Des choses extravagantes.

ARGANTE.

Mais encore ?

SCAPIN.

Il ne parloit pas moins que de cinq ou six cents pistoles.

ARGANTE.

Cinq ou six cents fièvres quartaines qui le puissent serrer ! Se moque-t-il des gens ?

SCAPIN.

C'est ce que je lui ai dit. J'ai rejeté bien loin de pareilles propositions, et je lui ai bien fait entendre que vous n'étiez point une dupe, pour vous demander des cinq ou six cents pistoles. Enfin, après plusieurs discours, voici où s'est réduit le résultat de notre conférence. Nous voilà au temps, m'a-t-il dit, que je dois partir pour l'armée; je suis après à m'équiper, et le besoin que j'ai de quelque argent me fait consentir malgré moi à ce qu'on me propose. Il me faut un cheval de service, et je n'en saurois avoir un qui soit tant soit peu raisonnable, à moins de soixante pistoles.

ARGANTE.

Hé bien, pour soixante pistoles, je les donne.

SCAPIN.

Il faudra le harnois et les pistolets, et cela ira bien à vingt pistoles encore.

ARGANTE.

Vingt pistoles, et soixante, ce seroit quatre-vingts!

SCAPIN.

Justement.

ARGANTE.

C'est beaucoup; mais soit, je consens à cela.

SCAPIN.

Il me faut aussi un cheval pour monter mon valet, qui coûtera bien trente pistoles.

ARGANTE.

Comment diantre! Qu'il se promène; il n'aura rien du tout.

SCAPIN.

Monsieur...

ARGANTE.

Non. C'est un impertinent.

SCAPIN.

Voulez-vous que son valet aille à pied ?

ARGANTE.

Qu'il aille comme il lui plaira, et le maître aussi.

SCAPIN.

Mon dieu ! monsieur, ne vous arrêtez point à peu de chose : n'allez point plaider, je vous prie ; et donnez tout pour vous sauver des mains de la justice.

ARGANTE.

Hé bien soit. Je me résous à donner encore ces trente pistoles.

SCAPIN.

Il me faut encore, a-t-il dit, un mulet pour porter....

ARGANTE.

Oh ? qu'il aille au diable avec son mulet ! C'en est trop, et nous irons devant les juges.

SCAPIN.

De grace, monsieur....

ARGANTE.

Non, je n'en ferai rien.

SCAPIN.

Monsieur, un petit mulet.

ARGANTE.

Je ne lui donnerois pas seulement un âne.

SCAPIN.

Considérez......

ARGANTE.

Non, j'aime mieux plaider.

SCAPIN.

Hé! monsieur, de quoi parlez-vous là, et à quoi vous résolvez-vous! Jetez les yeux sur les détours de la justice; voyez combien d'appels et de degrés de juridiction, combien de procédures embarrassantes, combien d'animaux ravissants par les griffes desquels il vous faudra passer; sergents, procureurs, avocats, greffiers, substituts, rapporteurs, juges, et leurs clercs. Il n'y a pas un de tous ces gens-là qui, pour la moindre chose, ne soit capable de donner un soufflet au meilleur droit du monde. Un sergent baillera de faux exploits, sur quoi vous serez condamné sans que vous le sachiez. Votre procureur s'entendra avec votre partie, et vous vendra à beaux deniers comptants. Votre avocat, gagné de même, ne se trouvera point lorsqu'on plaidera votre cause, ou dira des raisons qui ne feront que battre la campagne, et n'iront point au fait. Le greffier délivrera par contumace des sentences et arrêts contre vous. Le clerc du rapporteur soustraira des pièces, ou le rapporteur même ne dira pas ce qu'il a vu. Et quand, par les plus grandes précautions du monde, vous aurez paré tout cela, vous serez ébahi que vos juges auront été sollicités contre vous, ou par des gens dévots, ou par des femmes qu'ils aimeront. Hé ! monsieur, si vous le pouvez, sauvez-vous de cet enfer-là. C'est être damné dès ce monde que d'avoir à plaider ; et la seule pensée d'un procès seroit capable de me faire fuir jusqu'aux Indes.

ARGANTE.

A combien est-ce qu'il fait monter le mulet ?

SCAPIN.

Monsieur, pour le mulet, pour son cheval, et celui de son homme, pour le harnois, et les pistolets, et pour payer quelque petite chose qu'il doit à son hôtesse, il demande en tout deux cents pistoles.

ARGANTE.

Deux cents pistoles ?

SCAPIN.

Oui

ARGANTE, *se promenant en colère.*

Allons, allons ; nous plaiderons.

SCAPIN.

Faites réflexion....

ARGANTE.

Je plaiderai.

SCAPIN.

Ne vous allez point jeter....

ARGANTE.

Je veux plaider.

SCAPIN.

Mais, pour plaider, il vous faudra de l'argent ; il vous en faudra pour l'exploit ; il vous en faudra pour le contrôle ; il vous en faudra pour la procuration, pour la présentation, conseils, productions, et journées de procureur; il vous en faudra pour les consultations et plaidoiries des avocats, pour le droit de retirer le sac, et pour les grosses d'écritures ; il vous en faudra pour le rapport des substituts; pour les épices de conclusion, pour l'enregistrement du greffier, façon d'appointement, sentences et arrêts, contrôles, signatures, et expéditions de leurs clercs, sans parler de tous les présents qu'il vous faudra faire. Donnez cet argent-là à cet homme-ci, vous voilà hors d'affaire.

ARGANTE.

Comment ! deux cents pistoles !

SCAPIN.

Oui. Vous y gagnerez. J'ai fait un petit calcul, en moi-même, de tous les frais de la justice; et j'ai trouvé qu'en donnant deux cents pistoles à votre homme, vous en aurez de reste, pour le moins, cent cinquante, sans compter les soins, les pas et les chagrins que vous épargnerez. Quand il n'y auroit à essuyer que les sottises que disent devant tout le monde de méchants plaisants d'avocats, j'aimerois mieux donner trois cents pistoles, que de plaider.

ARGANTE.

Je me moque de cela, et je défie les avocats de rien dire de moi.

SCAPIN.

Vous ferez ce qu'il vous plaira; mais si j'étois que de vous, je fuirois les procès.

ARGANTE.

Je ne donnerai point deux cents pistoles.

SCAPIN.

Voici l'homme dont il s'agit.

SCÈNE IX.

ARGANTE, SCAPIN; SILVESTRE,
déguisé en spadassin.

SILVESTRE.

Scapin, fais-moi connoître un peu cet Argante qui est père d'Octave.

SCAPIN.

Pourquoi, monsieur?

SILVESTRE.

Je viens d'apprendre qu'il veut me mettre en procès, et faire rompre par justice le mariage de ma sœur.

SCAPIN.

Je ne sais pas s'il a cette pensée; mais il ne veut point consentir aux deux cents pistoles que vous voulez, et il dit que c'est trop.

SILVESTRE.

Par la mort! par la tête! par le ventre! si je le trouve, je le veux échiner, dussé-je être roué tout vif. (*Argante, pour n'être point vu, se tient en tremblant derrière Scapin.*)

SCAPIN.

Monsieur, ce père d'Octave a du cœur; et peut-être ne vous craindra-t-il point.

SILVESTRE.

Lui! lui! Par le sang! par la tête! s'il étoit là, je lui donnerois tout à l'heure de l'épée dans le ventre. (*apercevant Argante.*) Qui est cet homme-là?

SCAPIN.

Ce n'est pas lui, monsieur; ce n'est pas lui.

SILVESTRE.

N'est-ce point quelqu'un de ses amis?

SCAPIN.

Non, monsieur; au contraire, c'est son ennemi capital.

SILVESTRE.

Son ennemi capital?

SCAPIN.

Oui.

SILVESTRE.

Ah! parbleu, j'en suis ravi. (*à Argante.*) Vous êtes ennemi, monsieur, de ce faquin d'Argante? Hé?

SCAPIN.

Oui, oui, je vous en réponds.

SILVESTRE, *secouant rudement la main d'Argante.*

Touchez là; touchez. Je vous donne ma parole, et vous jure, sur mon honneur, par l'épée que je porte, par tous les serments que je saurois faire, qu'avant la fin du jour je vous déferai de ce maraud fieffé, de ce faquin d'Argante. Reposez-vous sur moi.

SCAPIN.

Monsieur, les violences en ce pays-ci ne sont guère souffertes.

SILVESTRE.

Je me moque de tout, et je n'ai rien à perdre.

SCAPIN.

Il se tiendra sur ses gardes assurément; et il a des parents, des amis et des domestiques dont il se fera un secours contre votre ressentiment.

SILVESTRE.

C'est ce que je demande, morbleu; c'est ce que je demande. (*mettant l'épée à la main.*) Ah, tête! ah, ventre! Que ne le trouvé-je à cette heure avec tout son secours! Que ne paroît-il à mes yeux au milieu de trente personnes! Que ne les vois-je fondre sur moi les armes à la main! (*se mettant en garde.*) Comment! marauds, vous avez la hardiesse de vous attaquer à moi! Allons, morbleu, tue!

(*poussant de tous les côtés, comme s'il avoit plusieurs personnes à combattre.*)

Point de quartier. Donnons. Ferme. Poussons. Bon pied, bon œil. Ah, coquins! Ah, canaille! vous en voulez par-là; je vous en ferai tâter votre soûl. Soutenez, marauds, soutenez. Allons. A cette botte. A cette autre. (*se tournant du côté d'Argante et de Scapin.*) A celle-ci. A celle-là. Comment, vous reculez! Pied ferme, morbleu, pied ferme.

SCAPIN.

Hé! hé! hé! monsieur, nous n'en sommes pas.

SILVESTRE.

Voilà qui vous apprendra à vous oser jouer à moi.

SCÈNE X.

ARGANTE, SCAPIN.

SCAPIN.

Hé bien! vous voyez combien de personnes tuées pour deux cents pistoles. Or sus, je vous souhaite une bonne fortune.

ARGANTE, *tout tremblant.*

Scapin.

SCAPIN.

Plaît-il?

ARGANTE.

Je me résous à donner les deux cents pistoles.

SCAPIN.

J'en suis ravi pour l'amour de vous.

ARGANTE.

Allons le trouver, je les ai sur moi.

SCAPIN.

Vous n'avez qu'à me les donner. Il ne faut pas, pour votre honneur, que vous paroissiez là, après avoir passé ici pour autre que ce que vous êtes; et, de plus, je craindrois qu'en vous faisant connoître il n'allât s'aviser de vous demander davantage.

ARGANTE.

Oui; mais j'aurois été bien aise de voir comme je donne mon argent.

SCAPIN.

Est-ce que vous vous défiez de moi?

ARGANTE.

Non pas; mais...

SCAPIN.

Parbleu, monsieur, je suis un fourbe, ou je suis honnête homme; c'est l'un des deux. Est-ce que je voudrois vous tromper, et que, dans tout ceci, j'ai d'autre intérêt que le vôtre et celui de mon maître, à qui vous voulez vous allier? Si je vous suis suspect, je ne me mêle plus de rien, et vous n'avez qu'à chercher, dès cette heure, qui accommodera vos affaires.

ARGANTE.

Tiens donc.

SCAPIN.

Non, monsieur, ne me confiez point votre argent. Je serai bien aise que vous vous serviez de quelque autre.

ARGANTE.

Mon dieu! tiens.

SCAPIN.

Non, vous dis-je; ne vous fiez point à moi. Que sait-on si je ne veux point vous attraper votre argent?

ARGANTE.

Tiens, te dis-je; ne me fais point contester davantage. Mais songe à bien prendre tes sûretés avec lui.

SCAPIN.

Laissez-moi faire; il n'a pas affaire à un sot.

ARGANTE.

Je vais t'attendre chez moi.

SCAPIN.

Je ne manquerai pas d'y aller. *(seul.)* Et un. Je n'ai qu'à chercher l'autre. Ah! ma foi, le voici. Il semble que le ciel, l'un après l'autre, les amène dans mes filets.

SCÈNE XI.

SCAPIN, GÉRONTE.

SCAPIN, *faisant semblant de ne pas voir Géronte.*

O ciel! O disgrace imprévue! O misérable père! Pauvre Géronte, que feras-tu?

GÉRONTE, *à part.*

Que dit-il là de moi, avec ce visage affligé?

SCAPIN.

N'y a-t-il personne qui puisse me dire où est le seigneur Géronte?

GÉRONTE.

Qu'y a-t-il, Scapin?

SCAPIN, *courant sur le théâtre, sans vouloir entendre ni voir Géronte.*

Où pourrai-je le rencontrer pour lui dire cette infortune?

ACTE II, SCÈNE XI.

GÉRONTE, *courant après Scapin.*

Qu'est-ce que c'est donc?

SCAPIN.

En vain je cours de tous côtés pour le pouvoir trouver.

GÉRONTE.

Me voici.

SCAPIN.

Il faut qu'il soit caché dans quelque endroit qu'on ne puisse point deviner.

GÉRONTE, *arrêtant Scapin.*

Holà. Es-tu aveugle, que tu ne me vois pas?

SCAPIN.

Ah! monsieur, il n'y a pas moyen de vous rencontrer.

GÉRONTE.

Il y a une heure que je suis devant toi. Qu'est-ce que c'est donc qu'il y a?

SCAPIN.

Monsieur...

GÉRONTE.

Quoi?

SCAPIN.

Monsieur votre fils...

GÉRONTE.

Hé bien? mon fils...

SCAPIN.

Est tombé dans une disgrace la plus étrange du monde.

GÉRONTE.

Et quelle?

SCAPIN.

Je l'ai trouvé tantôt tout triste de je ne sais quoi que vous lui avez dit, où vous m'avez mêlé assez mal à propos; et cherchant à divertir cette tristesse, nous nous sommes allés promener sur le port. Là, entre autres plusieurs choses, nous avons arrêté nos yeux sur une galère turque assez bien équipée. Un jeune Turc de bonne mine nous a invités d'y entrer, et nous a présenté la main. Nous y avons passé. Il nous a fait mille civilités, nous a donné la collation, où nous avons mangé des fruits les plus excellents qui se puissent voir, et bu du vin que nous avons trouvé le meilleur du monde.

GÉRONTE.

Qu'y a-t-il de si affligeant à tout cela?

SCAPIN.

Attendez, monsieur, nous y voici. Pendant que nous mangions, il a fait mettre la galère en mer; et se voyant éloigné du port, il m'a fait mettre dans un esquif, et m'envoie vous dire que, si vous ne lui envoyez par moi tout à l'heure cinq cents écus, il va vous emmener votre fils en Alger.

GÉRONTE.

Comment diantre! cinq cents écus!

SCAPIN.

Oui, monsieur; et, de plus, il ne m'a donné pour cela que deux heures

ACTE II, SCÈNE XI.

GÉRONTE.

Ah! le pendard de Turc! m'assassiner de la façon!

SCAPIN.

C'est à vous, monsieur, d'aviser promptement aux moyens de sauver des fers un fils que vous aimez avec tant de tendresse.

GÉRONTE.

Que diable alloit-il faire dans cette galère?

SCAPIN.

Il ne songeoit pas à ce qui est arrivé.

GÉRONTE.

Va-t'en, Scapin, va-t'en vite dire à ce Turc que je vais envoyer la justice après lui.

SCAPIN.

La justice en pleine mer! vous moquez-vous des gens?

GÉRONTE.

Que diable alloit-il faire dans cette galère?

SCAPIN.

Une méchante destinée conduit quelquefois les personnes.

GÉRONTE.

Il faut, Scapin, il faut que tu fasses ici l'action d'un serviteur fidèle.

SCAPIN.

Quoi, monsieur?

GÉRONTE.

Que tu ailles dire à ce Turc qu'il me renvoie

mon fils, et que tu te mets à sa place, jusqu'à ce que j'aie amassé la somme qu'il demande.

SCAPIN.

Hé! monsieur, songez-vous à ce que vous dites? et vous figurez-vous que ce Turc ait si peu de sens, que d'aller recevoir un misérable comme moi à la place de votre fils?

GÉRONTE.

Que diable alloit-il faire dans cette galère?

SCAPIN.

Il ne devinoit pas ce malheur. Songez, monsieur, qu'il ne m'a donné que deux heures.

GÉRONTE.

Tu dis qu'il demande...

SCAPIN.

Cinq cents écus.

GÉRONTE.

Cinq cents écus! n'a-t-il point de conscience?

SCAPIN.

Vraiment oui, de la conscience à un Turc!

GÉRONTE

Sait-il bien ce que c'est que cinq cents écus?

SCAPIN.

Oui, monsieur, il sait que c'est mille cinq cents livres.

GÉRONTE.

Croit-il, le traître, que mille cinq cents livres se trouvent dans le pas d'un cheval?

ACTE II, SCÈNE XI.

SCAPIN.

Ce sont des gens qui n'entendent point de raisons.

GÉRONTE.

Mais que diable alloit-il faire dans cette galère?

SCAPIN.

Il est vrai; mais quoi! on ne prévoyoit pas les choses. De grace, monsieur, dépêchez.

GÉRONTE.

Tiens, voilà la clef de mon armoire.

SCAPIN.

Bon.

GÉRONTE.

Tu l'ouvriras.

SCAPIN.

Fort bien.

GÉRONTE.

Tu trouveras une grosse clef du côté gauche, qui est celle de mon grenier.

SCAPIN.

Oui.

GÉRONTE.

Tu iras prendre toutes les hardes qui sont dans cette grande manne, et tu les vendras aux fripiers, pour aller racheter mon fils.

SCAPIN, *en lui rendant la clef.*

Hé! monsieur, rêvez-vous? Je n'aurois pas cent francs de tout ce que vous dites; et, de plus, vous savez le peu de temps qu'on m'a donné.

GÉRONTE.

Mais que diable alloit-il faire dans cette galère?

SCAPIN.

Oh! que de paroles perdues! Laissez là cette galère, et songez que le temps presse, et que vous courez risque de perdre votre fils. Hélas! mon pauvre maître, peut-être que je ne te verrai de ma vie, et qu'à l'heure que je parle on t'emmène esclave en Alger! Mais le ciel me sera témoin que j'ai fait pour toi tout ce que j'ai pu, et que, si tu manques à être racheté, il n'en faut accuser que le peu d'amitié d'un père.

GÉRONTE.

Attends, Scapin, je m'en vais quérir cette somme.

SCAPIN.

Dépêchez donc vite, monsieur; je tremble que l'heure ne sonne.

GÉRONTE.

N'est-ce pas quatre cents écus que tu dis?

SCAPIN.

Non, cinq cents écus.

GÉRONTE.

Cinq cents écus!

SCAPIN.

Oui

GÉRONTE.

Que diable alloit-il faire dans cette galère?

SCAPIN.

Vous avez raison : mais hâtez-vous.

ACTE II, SCENE XI.

GÉRONTE.

N'y avoit-il point d'autre promenade?

SCAPIN.

Cela est vrai : mais faites promptement.

GÉRONTE.

Ah! maudite galère!

SCAPIN, *à part.*

Cette galère lui tient au cœur.

GÉRONTE.

Tiens, Scapin, je ne me souvenois pas que je viens justement de recevoir cette somme en or; et je ne croyois pas qu'elle dût m'être sitôt ravie. (*tirant sa bourse de sa poche, et la présentant à Scapin.*) Tiens, va-t'en racheter mon fils.

SCAPIN, *tendant la main.*

Oui, monsieur.

GÉRONTE, *retenant sa bourse, qu'il fait semblant de vouloir donner à Scapin.*

Mais dis à ce Turc que c'est un scélérat.

SCAPIN, *tendant encore la main.*

Oui.

GÉRONTE, *recommençant la même action.*

Un infâme.

SCAPIN, *tendant toujours la main.*

Oui.

GÉRONTE, *de même.*

Un homme sans foi, un voleur.

SCAPIN,

Laissez-moi faire.

GÉRONTE, *de même.*

Qu'il me tire cinq cents écus contre toute sorte de droit.

SCAPIN.

Oui.

GÉRONTE, *de même.*

Que je ne les lui donne ni à la mort ni à la vie.

SCAPIN.

Fort bien.

GÉRONTE, *de même.*

Et que, si jamais je l'attrape, je saurai me venger de lui.

SCAPIN.

Oui.

GÉRONTE, *remettant sa bourse dans sa poche, et s'en allant.*

Va, va vite requérir mon fils.

SCAPIN, *courant après Géronte.*

Holà, monsieur.

GÉRONTE.

Quoi ?

SCAPIN.

Où est donc cet argent ?

GÉRONTE.

Ne te l'ai-je pas donné ?

SCAPIN.

Non vraiment, vous l'avez remis dans votre poche.

GÉRONTE.

Ah ! c'est la douleur qui me trouble l'esprit.

SCAPIN.
Je le vois bien.

GÉRONTE.
Que diable alloit-il faire dans cette galère? Ah! maudite galère! traître de Turc, à tous les diables!

SCAPIN, seul.
Il ne peut digérer les cinq cents écus que je lui arrache; mais il n'est pas quitte envers moi; et je veux qu'il me paie en une autre monnoie l'imposture qu'il m'a faite auprès de son fils.

SCÈNE XII.
OCTAVE, LÉANDRE, SCAPIN.

OCTAVE.
Hé bien! Scapin, as-tu réussi pour moi dans ton entreprise?

LÉANDRE.
As-tu fait quelque chose pour tirer mon amour de la peine où il est?

SCAPIN, à Octave.
Voilà deux cents pistoles que j'ai tirées de votre père.

OCTAVE.
Ah! que tu me donnes de joie!

SCAPIN, à Léandre.
Pour vous, je n'ai pu faire rien.

LÉANDRE, voulant s'en aller.
Il faut donc que j'aille mourir; et je n'ai que faire de vivre, si Zerbinette m'est ôtée.

SCAPIN.

Holà, holà, tout doucement. Comme diantre vous allez vite!

LÉANDRE, *se retournant.*

Que veux-tu que je devienne?

SCAPIN.

Allez, j'ai votre affaire ici.

LÉANDRE.

Ah! tu me redonnes la vie.

SCAPIN.

Mais à condition que vous me permettrez, à moi, une petite vengeance contre votre père, pour le tour qu'il m'a fait.

LÉANDRE.

Tout ce que tu voudras.

SCAPIN.

Vous me le promettez devant témoin?

LÉANDRE.

Oui.

SCAPIN.

Tenez, voilà cinq cents écus.

LÉANDRE.

Allons-en promptement acheter celle que j'adore.

FIN DU SECOND ACTE.

TABLE
DES MATIÈRES.

	pages.
Monsieur de Pourceaugnac.	5
Le bourgeois gentilhomme.	97
Les fourberie de Scapin.	251

FIN DE LA TABLE DU CINQUIÈME VOLUME.

LIMOGES ET ISLE,
IMP. MARTIAL ARDANT FRÈRES.

EN VENTE :

CHEZ LES MÊMES ÉDITEURS.

CHEFS-D'OEUVRE de VOLTAIRE, 5 vol. in-18.
— — de RACINE, 6 vol. in-18.
— — de P. et T. CORNEILLE, 5 v. in-18.
— — de RÉGNARD, 5 vol. in-18.
— — de MOLIÈRE, 8 vol. in-18.
— — de CRÉBILLON 4 vol. in-18.

www.ingramcontent.com/pod-product-compliance
Lightning Source LLC
Chambersburg PA
CBHW060413170426
43199CB00013B/2129